あすかりんの
おいしい
能登めぐり

はじめに

こんにちは、あすかりんこと、フードアナリストの雅珠香です。

「あすかりんの　おいしい能登めぐり」をご購入くださり、誠にありがとうございます。

私の原点は、奥能登の穴水町。

家の目の前に海が広がり、裏は山という、そんなところで生まれました。

食生活は自給自足に近くて、魚は漁師である祖父が調達し、味噌などの調味料や漬物は祖母が仕込み、農業は家族総出。今では見かけることが少なくなりましたが、秋の稲刈り後に稲を天日《てんぴ》干しする「はざ掛け」の作業も、家族や近所が協力しなければできません。今思えば、田舎暮らしは連携が大切ですね。

私のことを特別可愛がってくれたのが、今は亡きひいばあちゃん(曽祖母)のつや子で、幼い私には、いろんなことを教えてくれる〝魔女〟のような存在でした。畳の掃除の仕方やカツオ節の削り方から、仏壇に供える御飯「おぼく様」のこと、視力回復のおまじないに至るまで、生きる知恵を身に付けさせたかったのかもしれません。そして、私が幼いころからずーっと呪文のように言い続けていたのが、「ちゃんとしたものを食べなさい」という言葉。私が食にことさらにこだわるのは、そのせいなのかもしれません。

季節ごとに移り変わる自然の姿や食べ物の旬を生まれ故郷に教えられ、ひいばあちゃんに呪文をかけられたおかげで(笑)、レストランでは料理の向こう側を自然と読み取っている自分がいます。

そう、里山里海の豊かさは、自然の学校でもあります。

「なんにもないけど、なんでもあるのが能登」

能登は「Not anything」ではありません、「NOTO anything」なのです。

この本で能登の魅力を知って頂けたら、私にとっても大変嬉しいことです。

雅珠香

懐かしい私の原風景。

目の前には穴水の海が。

あすかりんのおいしい能登めぐり

洋の気分で

和の気分で

のと食紀行【1】 新鮮食材を求めて

カフェ・スイーツ

のと食紀行【2】本物が息づく土地

『洋の気分で』

アユート！（輪島市）

生き生きとして繊細なイタリアン

「能登豚と季節野菜のサラダ」
70度で70分ゆっくり低温調理したローストポークにトンナートソース（ツナソース）を添えて

「ふぐと地野菜のバジリコペースト和えリングイネ」
パウダー状にしたふぐの卵巣を振ることで、味わい深くそして香り高く、立体感のある味わいに

〝広島で一番予約が取れないイタリアン〟と言われるほど驚異的人気を誇ったレストランが、2012年12月に輪島に移転という形でオープンしました。その噂を聞きつけた食通が遠方からも訪れ、期待を裏切らないおいしさに評判は口コミで広がり、輪島でも予約が取りにくいレストランになりました。

奥能登の食材に惚れ移転

オーナーシェフの村井宏治さんは、奥能登の食材に惚れ込み、輪島への移住を決意されたというだけあって、料理には能登の里山里海の恵みがふんだんに取り入れてあります。場所は、朝市などで賑わう輪島市中心部の

アユート!

☎0768-23-4266
輪島市河井町3−158−1
営業時間／18:00〜24:00
（L.O.23:00）（21:00〜は単品料理のみ）※予約が望ましい
定休日／毎週水曜、第1･3木曜
席数／16席　全面禁煙
駐車場／有（4台）
料金の目安　3,950円〜

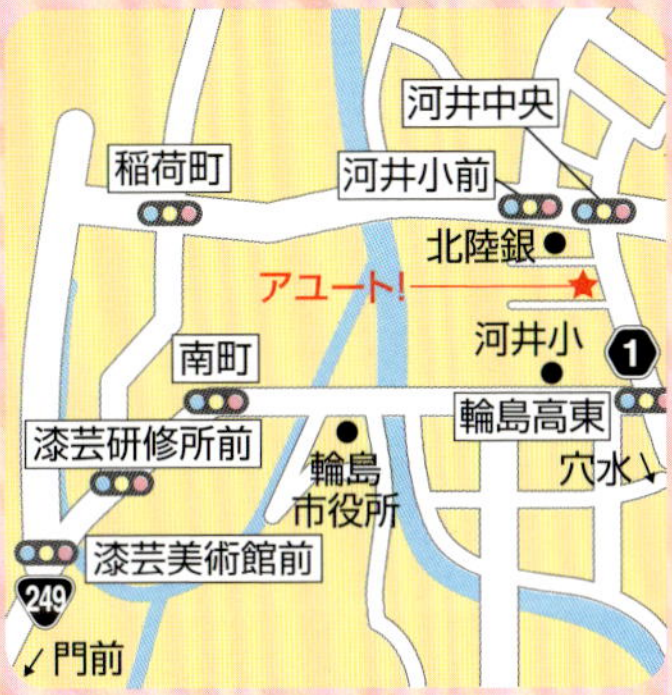

「香箱とアサツキのオイルスパゲティ」

自家製パンも人気

パンはローズマリーや人参の葉などを練り込んだ自家製で、アツアツで提供。温度にのって風味が口いっぱいに広がります。マダムの明るいサービスにも定評あり。

入り口で、町家風の一軒家。内装は白と赤を基調にしたナチュラルカジュアルなデザインです。

前菜は、能登で育った野菜をドレスアップさせた、心ときめく一皿。お馴《な》染《じ》みの旬野菜だけでなく、ミニ紅芯大根や黒大根、パープルスイートロードなど、色とりどりの珍しい野菜も取り入れ、一口ごとに新発見があります。

また、能登の息吹にシェフのテクニックを重ねたパスタも定評あり。「香箱《こうばこ》とアサツキのオイルスパゲティ」は、繊細な香箱ガニの味わいを活かした一品で、パスタの細さとゆで加減も絶妙。最後の一口まで夢中になりました。

ラトリエ・ドゥ・ノト（輪島市）

好奇心をくすぐる仕掛けも多い

「サワラのポワレ　能登の根菜と共に」

「能登豚のロースト」
予め煮込んで味を入れた能登豚を香ばしく焼き上げることで、食感共に存在感のあるおいしさが完成。春巻き風の添え物は、豚足をパートブリックという小麦の皮に包んで揚げたもの。ソースは、チョリソー（豚肉の辛いソーセージ）を使用したスパイシーな味わいで相性抜群

オーナーシェフの池端隼也氏は輪島市出身で、大阪にあるミシュランガイド1つ星獲得店「カランドリエ」で6年半腕を磨き、26歳で渡仏。フランスの名門レストランで本物を学び、10数年ぶりに帰郷し、2014年秋にこの店をオープンしました。

古民家をリノベーション

お店は、古民家をリノベーションした立派な建物で、日本家屋の趣きとグランメゾンの気品がマッチした空間です。優しいナチュラルな雰囲気で、緊張感を持たせ過ぎていないのもステキだなと思います。

お料理は、間違いないおいし

ラトリエ・ドゥ・ノト

☎0768-23-4488
輪島市河井町4－142
営業時間／ランチ 11:30～15:30（L.O. 13:30）、ディナー 18:00～L.O. 21:00 要予約
定休日／月曜（火曜はランチは休み）
席数／20席　全面禁煙
近くの駐車場（無料）を案内しています
料金の目安　ランチ4,000円～6,000円（食事のみ3,300円～税別）
ディナー6,000円～14,000円（食事のみ5,250円～税別）

「ビーツとカシスのアミューズ」
見た目では分かりませんが、ビーツとカシスが層状になっているため、ストローで吸い込むと徐々に味わいがグラデーションを描きます

「香箱ガニのリゾット」
トリュフ入りの能登地鶏の温泉玉子をかけて香りの演出

特筆したいのは超一級のサービス。フロアを預かっている中筋健太さんは、シェフと同じくカランドリエ出身で、付かず離れずの心地良いサービスをしてくれます。

さの上にワクワクする冒険的な要素が加わっており、意外性や立体感ある料理も多く、好奇心を刺激されます。

　テーブルにパッと花が咲いたような一皿は、なんと魚料理「サワラのポワレ」。サワラは火入れが秀逸で、しっとり仕上がっており美味。紫色や緑色、赤色のダイコンなど、品種違いの根菜を多種華やかに付け合わせてあり、食べ進むのも楽しい。

　地元農家さんが手塩にかけて育てた野菜が、池端シェフの手によって輝きを増しています。

民宿ふらっと（能登町）

絶品!・自家製の調味料とパスタ

「自家製タリオリーニ　イカクリームソース」
パスタはその日の客人をもてなすためにそのつど打っています。イカクリームソースは、最初は絡めてあるクリームソースで頂き、食べ進んでいくごとにイカ墨がパスタに絡まり、最後にはイカ墨パスタになるという計算された一皿

「カルパッチョ
自家製ゆうなんばドレッシング」

オーストラリア出身のベン・フラットさんと妻の船下智香子さんで切り盛りしているお宿で、お料理は地物食材をふんだんに使ったイタリア料理を提供しています（朝食は和食）。民宿ですが、予約をすればランチだけ頂くこともできますよ。建物は、構想を練って造り上げたこだわりの夢空間。入り口は料亭のような門構えで、日本庭園風のアプローチを抜けると玄関にたどり着きます。

忘れ得ぬ奥深い旨さ

地魚はカルパッチョとして提供。鮮度が抜群であることはもちろん、特筆すべきは調味料で、ドレッシングには自家栽培の柚《ゆ》

民宿ふらっと

☎0768-62-1900
能登町矢波27−26−3
営業時間／ランチは12:30スタート、ディナーは18:30スタート（前日までに要予約、利用は小学生以上に）
定休日／水曜
席数／16席
宿泊定員／4組16人
全面禁煙
駐車場／10台
料金の目安　ランチ4,320円、ディナー6,480円

店主のベンさんと妻の智香子さん

「サワラのグリル　自家栽培バジルのペストソース」濃厚なペストソースは、バジルの香りが口いっぱいに広がります

ここに来なければ味わうことのできない料理とロケーションをぜひお楽しみください。

窓の向こうに広がる里海が、非日常の空間を演出してくれます

子《ず》と能登の塩、唐辛子を合わせて2年ほど寝かせた自家製調味料「ゆうなんば」を使用しています。

長期熟成によって醸し出されたコクが、ピリっとくる辛味を包み込んで丸みを持たせ、ほのかな柚子の香気がほんのりとした余韻を残します。その絶妙な調和と奥深い旨さと言ったら…。一度味わったら忘れられません。時間と手間を惜しまず、妥協なくこだわり抜くことによって完成した、珠玉の逸品と言えます。

さらに、パスタはその日の客人をもてなすために、そのつど打っているため、食感の違いは明確。ほっぺが落ちるおいしさとはこのことです。

能登島サンスーシィ（七尾市能登島）

島の先端でおいしく、のんびりと

「鰀目漁港木戸さんのスズキ香草マリネ」

「マガモと和牛ロースのパイ包み焼き」

「フクラギとエイヒレのポシェ　ブイヤベース風」

能登島にある週末限定レストランです。場所は、能登島大橋を渡って一番遠い島の先端で、山道を抜け、湾曲続きの海沿いを走って行かなければなりませんが、たどり着くまでの田舎道で、すっかり能登島時間に切り替わっているはず。

店名は、「のんきな」という意味のフランス語。漁師兼オーナーシェフの長竹俊雄さんが東京・赤坂でフランス料理店を経営していたときの店名をそのまま使用していますが、ゆったりとした時が流れる能登島にしっくりくるなと思います。

地物の持ち味引き出し

また、お料理は能登の里山里

能登島サンスーシィ
(Sans-souci)

☎050-3432-5091
七尾市能登島祖母ヶ浦5−7
席数／テーブル18席　カウンター5席
(貸切着席最大20席)
駐車場／店舗前2台　周辺に約13台分
全面禁煙
【週末レストラン】
営業時間／週末の11:30〜15:00オーダーストップ
(毎週月曜日に週末の予約受付開始)
料金の目安　ランチ2,500円+飲料代

「祖母ヶ浦長谷さんのカボチャポタージュ」

奥様の長竹幸子さんは、チーズコーディネーターとソムリエの有資格者。料理とワインのマリアージュは任せられて安心です。1泊2食1万2千円の農漁家民宿でじっくりワインを味わいたい。

デザート

海の恵みである地物食材をふんだんに使用しており、お魚も野菜も能登のポテンシャルの高さが伝わるものばかりです。

「スズキ香草マリネ」は、鰀《えの》目《め》漁港で水揚げされた朝どれのスズキをマリネにし、からし菜などで野趣と苦味のアクセントも効かせた一品。「マガモと和牛ロースのパイ包み焼き」は、パイに地元のマガモと和牛を包み込み、これでもかというほど素材の持ち味が引き出されています。スライスした椎茸《しいたけ》も里山の旨味をプラスしていますよ。

これからは365日利用可能な貸切レストラン、農漁家民宿にも業態を広げ、和食、フレンチ、和洋折衷などオートクチュールで楽しめる期待のお店です。

イル・ピアット・ハタダ（七尾市）

能登の恵み、自家製生パスタ

「前菜盛り合わせ」（500円）
水牛のモッツァレラ、イタリアンオムレツ、ナスのトマト煮にサラミやハム類も充実

「カニクリームのリングイネ」（11月頃〜2月末限定）（1,400円）

七尾で人気のイタリア料理店。能登の大地で育った野菜や伝統調味料を使用し、イタリアンと融合させたお料理が魅力です。能登という風土のポテンシャルの高さを味方にした料理は、旅行者にもオススメしたいです。

生パスタに絡む能登の美味

冬季限定の「カニクリームのリングイネ」は、一番人気のパスタ。ソースは、カニやエビから半日かけてとったスープにカニ身とクリームを合わせてあるため、甲殻類の旨さがクリームに良く馴染んでいます。〝リングイネ〟は、弾力のあるもちっとした食感とコシが魅力で、食

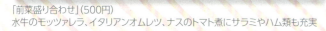

イル・ピアット・ハタダ
（IL Piatto Hatada）

☎0767-58-3636
七尾市小島町大開地1−5
営業時間／11:30〜14:30（L.O.14:00）、17:30〜21:30（L.O.21:00）
定休日／水曜
席数／テーブル20席　座敷席4席
喫煙可（ランチタイムは全面禁煙）
駐車場／有（10台）
料金の目安　ランチ880円〜、ディナー1,900円〜

「能登産かじめとのりのクリームソース　フィットチーネ」（1,100円）（その日のオススメより）

ハタダオリジナルのお持ち帰りトマトソース「まんでとまと」も人気。「まんでまいよ〜」は、能登の方言で「とってもおいしいよ〜」の意味。

オリジナルトマトソース「まんでとまと」は800円

べだしたら止まりません。

「能登産かじめとのりのクリームソース」は、平打ちの"フィットチーネ"にて。能登で良く食べられている海藻のかじめとのりをふんだんに使用した、潮の香り豊かな一品。パスタに良く絡《から》み、なまめかしいほどの口当たりと豊かな風味に思わず唸《うな》り、目尻が下がるおいしさです。

料理はどれも丁寧に作られていることが伝わってくるもので、オーナーシェフ畑田寛さんの誠実な性格がそのまま表れているようです。

セブンアイルズ（輪島市）

心地よく酔いたいなら"七ツ島"

「ハニーフレッシュ」
はちみつリキュールにフレッシュのみかんを使ったカクテル

「ゆべしとチーズのピンチョス」(500円)

朝市や御陣乗太鼓《ごじんじょうだいこ》と言った荒々しい漁師町輪島のイメージからは想像もつかない、大人のムード漂うバー。店名は、輪島市沖に点在する7つの無人島である"七ツ島"に由来しています。晴れた日は、海岸から7つの島が並んで見えるんですよ。

大人の隠れ家

このお店は、観光地として賑わう朝市通りからは徒歩圏内の場所にありアクセス抜群。路地を一本入ったところに静かに佇んでいます。入口へは、細いアプローチを奥に入ってゆくような造りで、大人の隠れ家的なのもステキ。店内はカウンターと2つのテーブル席があり、マ

「24ヶ月熟成生ハム」(1,000円)

セブンアイルズ

☎0768-22-1800
輪島市河井町3−46
営業時間／18:00～翌1:00を目安(予約可)
定休日／月曜(7、8月と12、1月は無休)
席数／カウンター6席　テーブル4席·2席
全席喫煙可
駐車場／提携駐車場有
料金の目安　2,000円前後～

輪島の銘菓である柚餅子の深い甘さとほのかな苦みは、ウイスキーなどの重厚感あるお酒に相性よし。ぜひお試しください。

女性好みのカクテルも充実

スター田邉氏の目が行き届く造りになっています。

お酒は、スコッチウイスキーも豊富なうえ、カクテルは旬のフルーツを取り入れたものも揃いますから、男性も女性も好みを見つけやすいはず。フードメニューは、24カ月熟成の生ハムやフィッシュ&チップス、さらに輪島の銘菓である柚餅子《ゆべし》とチーズでピンチョスにしたおつまみも準備あり。

地元のお料理に舌鼓を打った後は、街を散策がてら、こちらでしっぽり過ごすのがオススメ。

num-Bar《ナンバー》六《ろく》（七尾市）

温泉街に女性店主のカッコイイBAR

カクテルは600円から準備あり。ハウスワインはグラス700円、ボトル6,000円から(チャージ料金1,000円)

落ち着いた雰囲気で和倉の夜を楽しみたい

和倉温泉では、旅館に宿泊中の観光客が浴衣姿でそぞろ歩く光景が頻繁《ひんぱん》に見られ、湯の香あふれる温泉街の風情が漂います。

街を散策していると、一軒だけ他とは違う雰囲気を放つスタイリッシュなお店に出合います。それがこのお店。店内は一列にカウンターが並んでいるので、カップルはもちろん一人でも居心地の良い造り。店名の「六」は、店主龍かおりさんのラッキーナンバーであり、また、番地を表札のように家の前に掲げる海外のスタイルに倣《なら》っており、家を訪れるように親しみを持って来てほしいという願いが込められています。

特に店主がこだわっているの

num-Bar《ナンバー》 六《ろく》

☎0767-62-0036
七尾市和倉町ヨ部17−3
営業時間／20:00~L.O.2:00
定休日／火曜
席数／11席
喫煙可
駐車場／無
料金の目安　チャージ1,000円、ボトル6,000円~、ボトルチャージ2,000円、フード600円~、カクテル600円~、ウイスキー800円~

お通し

定番カクテルは、ショートカクテルとロングカクテルが各10種類ずつ揃っており、その他リクエストにも応えてくれます。

ワインのセレクトにも店主のセンスが

は、スコッチウイスキーのシングルモルト。その他のアルコールメニューは選びきれないほど多いというわけではなく、絞られていて好感が持てます。

和倉の夜に華添える

ワインはソムリエチョイスの15種ほど。女性に人気のカクテルは、ショートカクテルなら「マルガリータ」や「ダイキリ」、ロングカクテルはデコレーションが可愛い「ブルーハワイ」。旅館でおいしい夕食を味わったあとは、こちらでゆっくりもう一杯。和倉で過ごす夜に華を添えてくれます。

女性ならではの細かい気配りも定評がありますよ。

おいしい能登★コラム☆

1つ星フレンチで能登の野菜活躍
恵比寿の「エミュ」で嬉しい出合い

石川県では寿司やおでんなど和食の食べ歩きが多い私ですが、東京ではフランス料理を専門に食べ歩きをしています。勉強のためもあり、できるだけ一流店に足を運ぶようにしているのですが、そういったレストランで能登食材に出合うことがちょくちょくあります。

例えば、ミシュランガイドで1つ星を獲得している恵比寿のフレンチレストラン「emuN (エミュ)」では、能登島にある高農園《たかのうえん》さんの野菜を使用しており、高さんの野菜をメインにした料理が、なんとお店のスペシャリテ(看板料理)になっているんですよ。

オーナーシェフ笹嶋伸幸氏の料理は、食材の持つ「季節感」「食感」「香り」を大切にし、伝統に新しい感性をプラスした「温故知新」なフレンチで、生産者の思いが宿る旬の野菜が魔法をかけたように変身しています。

スペシャリテは、能登島の赤土野菜と土浦の完全無農薬野菜を27種類も使用した「エクスポジション」という料理なのですが、運ばれてきたらきっと「わお!」と声をあげて驚くはず。色とりどりの野菜がフラワーアレンジメントのように器を彩っており、「エクスポジション=博覧会」というネーミングになるほど。しかし、単に美しいだけではありません。これらの野菜には、1つ1つに合った下処理が施され、素材の持ち味を最大限引き出してあるのです。その手間を想像するだけで私はめまいがしそうですが…。

料理を食べ進めると、「金糸瓜《きんしうり》」や「能登白ねぎ」、ピンクに色付く大根「能登娘」など、馴染《なじ》みある野菜に出合いますから、嬉しくて心が躍り出しちゃいます。能登の野菜がフランス料理店の顔になっているなんて、自慢に思います。

能登島の野菜などを使った色鮮やかかな、エミュの「エクスポジション」

「和の気分で」

幸寿し《こうず》 本店（七尾市）

七尾まで足を運ぶ価値あり

弟の山田幸大さん（左）と兄の山田賢一さん（右）

アオリイカ奥能登の揚げ浜塩で
口に入れた途端にソーメン状の烏賊がざわさわとほどけてシャリと絡み合い、
ザラっとした荒塩と交わり、塩味との対比効果で甘さが徐々に強調されます

七尾が誇るすしの名店。県外の食通の間でも支持されており、遠方からのリピーターも多いお店です。地元ではファミリーで贔屓《ひいき》にしている人も多くいます。

お手頃価格も魅力的

職人さんは兄弟で、兄の山田賢一さんと弟の幸大さんの息はピッタリ。〝あ・うん〟の呼吸が感じられます。また、二人とも物腰柔らかで、折り目正しい中にほどよい親近感があり、心地よくすしを堪能できる雰囲気を作ってくれています。そして、何よりうれしいのは明朗会計であること。リーズナブルな価格設定も魅力です。

シャリは小ぶりの卵型で、ふ

幸寿《こうず》し 本店

☎0767-53-1274
七尾市相生町30−1
営業時間／11:30〜14:00、18:00〜21:00（予約が望ましい）
定休日／月曜
席数／カウンター9席、小上がり2テーブル
（昼）禁煙、（夜）禁煙をお願いしたい
駐車場／10台
料金の目安　おまかせ寿し10貫3,000円、12貫3,500円（税別）

赤西貝
赤西貝は、七尾湾やその周辺海域で獲れる巻貝で、燃えるような真っ赤な色が印象的。身に甘みを蓄えており、コリっとした食感です

竹炭塩をのせた鱸

香箱ガニ

コハダ

ぜひ食べておきたいのは赤西貝とシャコ。しめにウナギの手巻きを追加するのもオススメです。アツアツを巻いてくれますよ。

わっと軽めに握ってあり、お米の一粒一粒の輪郭がはっきりしています。温度にも気を配り、人肌よりほんの少し温かみのある心地良い感じです。

港が近いということで、魚の質が高いのは言うまでもありませんが、このお店の特徴は、技を利かせた〝江戸前〟であること。ネタに細工をし、あらかじめ味付けも施してある握りが主で、醤油《しょうゆ》の出番は少なめです。一つの種類の魚でも部位を変えて出してくれることがあるので、食感や脂のりなどの違いも楽しいですよ。

日本料理 龍泉《りゅうせん》（珠洲市）

イチオシ！型にはまらぬ斬新な日本料理

「お刺身の借り子付け」

「アンコウの酢の物」

映画の舞台としても注目が高まる珠洲にあるイチオシのお店です。お料理はコースのみで、メリハリの効いた構成に最後まで目が離せません。丁寧に仕事を施した料理でありながらも、型にはまらない斬新なセンスが光っています。しかも最近できたお店ではなく、店主の龍泉浩二さんが暖簾《のれん》をあげてから30年を迎えるというから驚きです。

意表を突く演出

コース冒頭はヒラスズキやシマダイなどのお刺身にタラの真子をまぶし付けた「借り子付け」で、舌の上で遊ぶ卵の粒々が美味。意表を突く演出に最初から心を掴まれました。

日本料理 龍泉《りゅうせん》

☎0768-82-6226
珠洲市飯田町9－152－1
営業時間／12:00～15:00（13:00までに来店）、17:00～22:00（19:00までに来店）（昼夜共に前日までに予約が望ましい）
定休日／日曜
席数／カウンター5席　テーブル5席
座敷席（5席、15席）　全席喫煙可
駐車場／有（5台）
料金の目安　昼3,500円～、夜4,000円～（税別）

「牛肉のグリル」
小さいフライパンの土台となっている塩は、お肉と一緒にオーブンにかけられたもので、保温の役割を果たしています

「揚げ物」

店内は和モダンなデザインでオシャレ。個室が3つとカウンター席があり、どのフロアも空間にゆとりを持たせてあります。また、壁には珪藻土《けいそうど》を使用しているため、温かみがあります。

落ちついた雰囲気の店内

お次は華やかなサラダが登場したのかと思ったら、なんと「アンコウの酢の物」。鮮やかな紅桃色をした紅芯大根をほどくと、中からはアン肝や身や皮が現れるという、びっくり箱のような一皿です。たまご酢の、まろやかでいてキュッとくる酸味をアクセントにして、一つの魚の異なる部位を食べ比べました。

能登の先端でこのようなスタイルを貫いているわけですから、「オープン当初はなかなか理解されずに苦労した」というのも納得できます。最近では、二代目もたくましく腕を振るっています。興味をそそられる料理ばかりで、胃袋がドキドキしました。

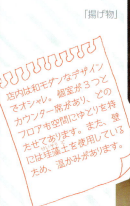

百楽荘（能登町）

美しい九十九湾の宿で楽しむ美味

客室からの風景

「能登鰤大根」
味の入った大根に衣をつけて揚げ出汁餡に絡ませてた、料理長の鋭いセンスが光る一品
（料理は季節により異なります）

「奥能登名物　いしり鍋　糞仕立て」
魚醤いしりを使用した能登の郷土料理。深い旨味はあるが、臭みの少ないタイプのいしりなので、初めて食べる人でもおいしく味わえるはず

日本百景に選ばれている九十九《つくも》湾にあるお宿。深く入り組んだ湾なので、海は穏やかで湖のように静かです。水深が約10mあり、吸い込まれそうなくらいの透明度で、それは見事な翡翠《ひすい》色をしています。客室やお風呂からも素晴らしい風景を眺められるので、滞在中は日常の忙しさを忘れ、時計のない不思議な時間を過ごすことができます。

宿の名前は、百の楽しみ方をしてほしいという思いを込めて付けてあるだけに、楽しみがいっぱい。例えば、桟橋《さんばし》から釣りができるというのも魅力の一つ。初心者でも楽しめるはずです。

百楽荘

☎0768-74-1115
能登町越坂11−34
宿泊／電話予約の場合　16,500円～
（税別）

目も楽しませる
華やかで洗練
された料理

選べる浴衣
女性の浴衣は、150
種類の中から自分好
みを選ぶことができ
ます

朝、漁船やカモメが行きかう九十九湾を眺めながら食べる朝食もまた格別です。海洋深層水のお風呂に浸かり、地物づくしの料理に舌鼓し、心がほぐされリラックスできます。何度も訪れたい宿です。

洞窟風呂まで続く手掘りの
長い通路

お風呂は、海洋深層水の「洞《どう》窟《くつ》風呂」と「展望風呂」の2種類があり、時間で男女入れ替わります。「洞窟風呂」まで続く長い洞窟は、なんと77歳の職人さんが手掘りで3年の月日をかけて完成させたもので、冒険心がかき立てられます。一見の価値有りですよ。

一皿ごとに感動が

お料理は、能登人にはお馴染みの地物食材と郷土料理をふんだんに取り入れた能登づくしでありながらも、料理長のこだわりとセンスを感じる洗練された料理で、一皿ごとに感動ポイントがあります。

焼肉 寿美好《すみよし》（七尾市）

焼肉ともつ鍋、両方注文したい

「黒毛和牛特選上カルビ」（手前1,706円）、「和牛中落ち一本カルビ」（896円）

「もつ鍋　しお味」（1人前1,382円、注文は2人前から）

秋口から登場する「もつ鍋」が人気で、焼き肉に負けない主役メニュー。（4月から秋口までは、もつ鍋は予約すれば食べられます）おいしさの理由は、国産牛小腸を100％使用していることと、丁寧に仕込んだスープにあります。実は店主の石倉崇さんは料亭の出身なのです。

繊細で心和むスープ

定番の醤油《しょうゆ》ベースや、ピリ辛のチゲ味も良いですが、もつ本来の味を楽しみたいなら「しお味」もオススメ。鰹《かつお》と昆布、鶏ガラをベースにしたスープは、シンプルにおいしさを追求した、繊細でいて心和む豊かな

焼肉 寿美好《すみよし》

☎0767-62-1298
七尾市光陽台41
営業時間／17:00～0:00（L.O.食べ物23:00、飲み物23:30）
予約可（10名以上は予約が望ましい）
定休日／火曜
席数／座敷席35席　テーブル席15席　計50席（うち10人間仕切り座敷1、6人間仕切り座敷1）　全席喫煙可
駐車場／有（30台）提携駐車場
料金の目安　夜の平均予算1人3,000円～4,000円

店主の石倉崇さんは料亭出身

「和牛中落ち一本カルビ」は、ハサミを使ってダイナミックにジョキジョキと切り分けます。旨味の濃いジューシーな赤身に甘い脂が合わさって、この上ないおいしさが広がります。さすが能登牛認定店。

「韓国冷麺」（820円）しめにどうぞ

味。さっぱりしていますが、旨味のボディーがしっかりしているため、もつや野菜にも相性が良く、何度でも口に運びたくなります。

　さらに、クツクツと煮込みながら食べ進むと、さまざまな食材から旨味エキスが抽出されるため、食材を平らげる頃には黄金のスープが完成。ご飯を入れて雑炊か、麺を入れて余さず胃袋に納めたくなります。

　もちろん、焼肉も忘れてはいけません。能登牛認定店だけあって、「黒毛和牛特選上カルビ」は、牛枝肉の格付で最高等級の「A-5」ランクや「A-4」を使用。わさび醤油か柚子《ゆず》胡椒《こしょう》ポン酢を合わせるのがオススメです。

平野屋（七尾市）

珠玉のお好み焼きを気軽に

お好み焼きを焼く店長の杉本祐一さん

「能登豚と金沢ブラックそばめしカレー」（800円）店長イチオシの新メニュー

気取らない大衆的なお店でありながら、珠玉のお好み焼きが食べられると根強い人気のお店です。鉄板焼きやお好み焼きはベテランの店員さんが調理し、食べ頃になったところを提供してくれます。

オリジナルの〝特製お好み焼き〟シリーズは、牛スジ煮入りの「モーモー玉」など、面白いネーミングのものが豊富ですから、仲間でいろいろ注文してシェアしてみてください。

待っている間に、ジュージューというおいしい音が聴こえてきて、胃袋が騒ぎ始めますよ。

旨味たっぷりのネギ肉玉

平野屋と言えば「名物ネギ肉

平野屋

☎ 0767-53-3757
七尾市本府中町ル20
営業時間／12:00~24:00
定休日／月曜（祝日の場合は営業）
席数／カウンター8席　座敷席40席
駐車場／10台
料金の目安　昼500円（ワンコインランチ）~1,000円（90分食べ放題ランチ・平日限定12時~14時）、夜1,000円~
宴会コース
（120分飲み放題付）3,240円
（ソフトドリンク飲み放題付）2,160円

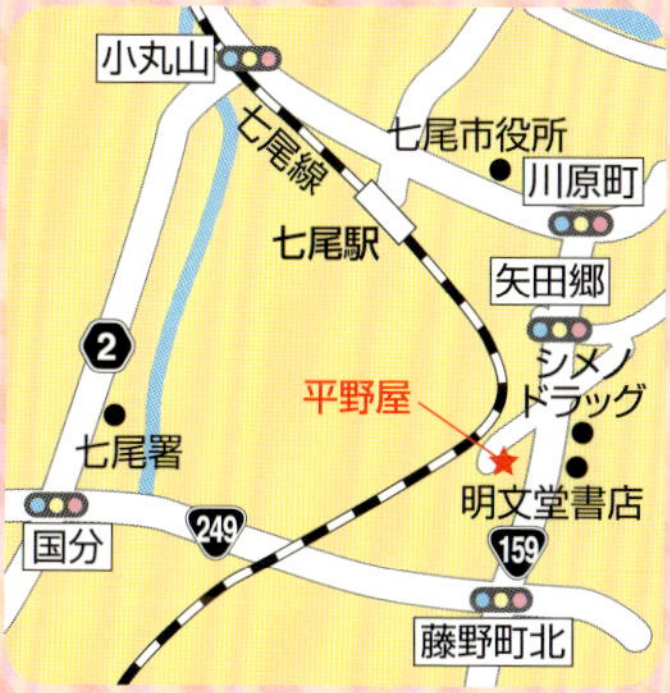

平野屋の名物「ネギ肉玉」（880円）はマヨネーズ醤油で食べるのもオススメ

「七尾発元祖ホルモン焼きそば」（780円）。ホルモンの弾力と甘辛い特製ソースがたまらない

すりおろし山芋をのせた「白雪姫」（780円）

庶民派グルメなれど一品一品完成された味わいで、手抜きのない「真剣勝負」が伝わってきます。隠し味は、鉄板より熱い店主の情熱です。

玉」。クレープ状の薄い生地で九州産万能ネギを挟むように焼き上げているため、万能ネギが蒸し焼き状態になり、素材の旨味と甘さが引き出されています。ソースもいいけどマヨネーズ醤油もオススメ。ネギの繊細な味わいにマッチします。大人のツボにはまるおいしさですよ。

「白雪姫」は、すりおろした山芋を鉄板に円形に流し、一旦片面を焼いてから、お好み焼きに乗せてあります。生地のほどける感じに加え、とろとろした山芋が一緒なって溶け合います。一度食べたらハマりますよ。

能登豚と金沢ブラックのそばめしカレーと同焼きそばカレーは、店長イチオシの新メニューです。

まいもん処 いしり亭（七尾市）

能登の海を感じる魚醤の料理

「いしり御膳（1,200円）」（かまど炊きごはん、氷見うどん、焼き魚、小鉢、新香）
セットの「氷見うどん」は、ルーツは輪島のそうめん。竹によりながらかける手縫いで、油を塗らないこだわりの手延べ。平たくやや丸みのある麺は、独特のコシがあり、ツルッとした舌触りがあります

人気の一品料理は「甘海老入りかき揚げ」（480円）

店舗は大正時代の旧十二銀行跡を利用したもので、当時を偲ばせる面持ちが感じられます。建物に入ってすぐの場所には、地元陶芸作家さんなどの作品が陳列された展示・販売スペースになっており、レストランはその奥の蔵を改装した場所。銀行時代の金庫もそのまま利用し、重厚感と趣を活かしてあります。

クセや臭みも少なく

店名通り、能登の特産物である魚醤《ぎょしょう》〝いしり〟の料理が食べられるお店で、いしり鍋を〝いしり貝焼き〟として一人前で楽しめます。

能登の魚醤は、原料となる魚の種類や、能登の中でも地方に

まいもん処 いしり亭

☎0767-52-8900
七尾市生駒町16−4
営業時間／11:30～18:00（夜は要予約）
定休日／水曜日
席数／テーブル24席　カウンター5席
分煙
駐車場／4台（共用）
料金の目安　昼880円～2,200円、夜コース3,500円～

かまどに火をくべて、大きなお釜で炊き上げたご飯は、お米の粒がピンと立っておりツヤツヤです

ご飯は、昔ながらのかまど炊き。品種は中島の棚田で育てられた“心米”を使用。寒暖の差が大きい場所で育てられているため糖分が増しており、しっかりと甘味があります。

金庫を利用した飲食スペース

よって、「いしる」「いしり」「よしる」などと呼び名がさまざま。「いしり亭」では、クセや臭みが少ないメギスのいしりを使用しており、魚醤が苦手な方からも好評を得ています。

珪藻土《けいそうど》の卓上コンロに火を付けると、フツフツ湧き上がる出《だ》汁《し》から、海の香が立ちのぼります。魚を原料にした調味料なので、イカや甘エビといった魚介類との相性は抜群。いしり鍋の具の定番である大根とナスも出汁を吸い込み、口の中に微かな潮風が広がるようです。

はた坊
（七尾市）

珠玉の純手打ち讃岐うどん!

「能登豚肉汁つけ」(1,000円)
キュッと締まった冷たい麺を、能登豚の旨みがこれでもかというほど濃いつけ出汁にくぐらせて食べます。ピチッと跳ねるような麺の口当たりがたまりませんよ

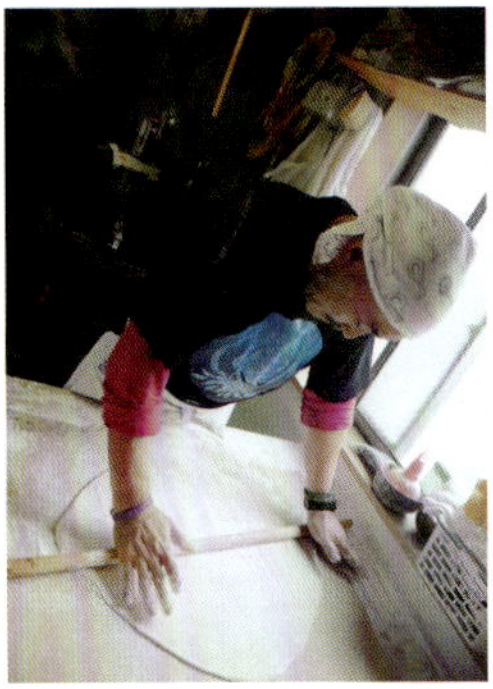
うどんを打つ大将の秦好樹さん

「釜玉」(580円)
シンプルイズベスト!うどんのカルボナーラ

能登には珍しい純手打ち讃岐うどんの店で、毎日早々に「完売」の看板が立つ人気店です。大将の秦好樹さんは、讃岐うどんの本場香川県の有名店「将《しょう》八《はち》」や「前場《まえば》」で修業し、ご自身が育った四国で3年ほどお店をされた後、お母さんの実家がある七尾でお店を開きました。お客さんは地元のファンはもちろん、中には四国からわざわざ足を運ばれた方もいるといいます。

大将の熱気が伝わる

「讃岐うどんをそのまんま能登に持ってきました」とうたっているだけあって、小麦粉は香川の製粉所で挽いたもので、そ

はた坊

☎080-6369-7878
七尾市小島町レ99
営業時間／11:00～15:00（麺が売切れ次第終了）
定休日／月曜（月曜が祝日の場合は営業し、翌日休み）
席数／カウンター12席　テーブル6席
併設のカフェ（14席）でも食べられます
全面禁煙（併設のカフェは喫煙可）
駐車場／10台
料金の目安　500円～1,500円（税別）

「梅おろしぶっかけ冷」（780円）トッピングにじゃこ天（180円）

本場の讃岐うどん店と同じく、天ぷらなどのセルフメニューも豊富。うどんを待つ間にどうぞ。秦さんの経歴は異色で、名曲「大都会」で有名な“クリスタルキング”のベーシストだったというから驚きです。

売り切れになる前に急いで

の他の素材も厳選品を取り寄せており、讃岐と違うのは水だけということになります。作り方は昔ながらの全工程完全手作業で、「打ちたて・切りたて・ゆでたて」を徹底しており、厨房でうどんをこしらえる大将の熱気が、ガラス越しにビシビシ伝わってきます。

「釜玉」は、ゆで揚げたばかりのうどんに生卵を絡めて食べる、いわばうどんのカルボナーラ。うどんに絡まる卵黄が特製出汁《だし》醤油《じょうゆ》と相まって、そのまろやかなコクとのマッチングはお見事。跳ね返すような力強いコシともちっとした食感もクセになります。

鮨《すし》治《はる》（七尾市）

鮮魚店直営、洗練された味わい

「ヤリイカのミミ握り」コリコリした食感がたまらない

「寒ブリの砂ずり」

鮮魚店直営のすし店。魚屋さんが経営するお店ということで、威勢のいい雰囲気を想像してしまいますが、落ち着きがあって隠れ家的な静けさもあり、接待にもオススメできるお店です。

おいしい状態見極め

店主は東京や金沢で修業を積み、洗練されたすしを提供。ネタは七尾湾直送ですから、鮮度は折り紙つきですが、程よく熟成を加えたネタもあり、一番おいしい状態を見極めています。

シャリは理想的な量で、広く薄めに切ったネタでシャリを覆い隠すようにしてあるものが多

鮨治《すしはる》

☎0767-53-0034
七尾市松本町2−25−1
営業時間／11:30〜13:00、17:00〜22:00（L.O.21:30）
定休日／火曜
席数／カウンター10席、座敷席15席、小上がり8席　喫煙可（ランチタイムは全面禁煙）
駐車場／有（7台）
料金の目安　昼2,200円〜、夜4,320円〜

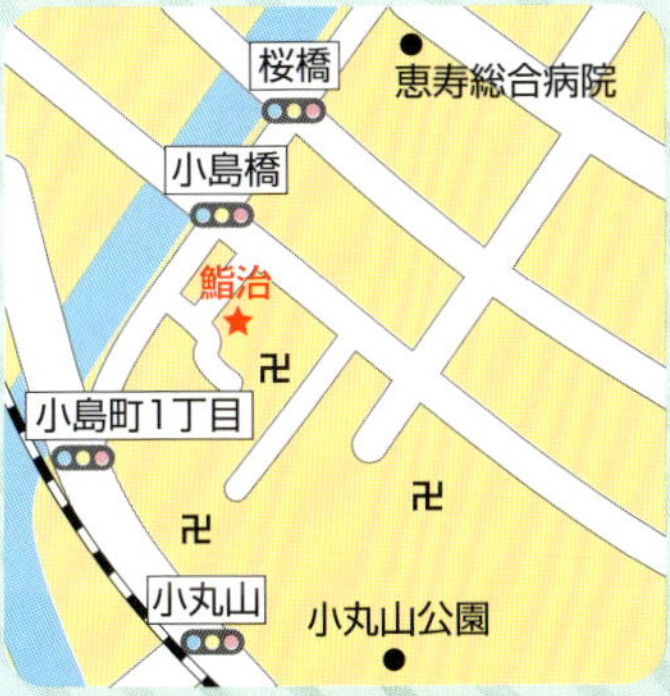

「赤西貝　軍艦巻き」

手を出しやすい価格も魅力。初めてなら、まずは10貫コースから入ってみるのがオススメです。能登の魚を知りつくした店主が、うまい魚を一番おいしい方法で食べさせてくれますよ。

落ち着いた雰囲気の店内

く、フォルムが美しい。細工を加えたネタも多く、イカなどの包丁の細かい入れ方も注目です。店主にオススメを聞きながら、七尾の海のうまさを堪能してください。

場所は、地元の人でないとピンと来ない場所ですが、七尾の中心街からはそう離れていないので、アクセスはしやすいと思います。大きな一軒家の建物で、カウンター席と小上がり、さらに個室まであります。無論、すしはカウンターで楽しむのが一番ですが、個室の準備もあるため、宴会も任せられる心強いお店です。

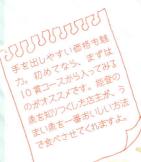

山崎製麺（七尾市）

工場の一画、ワンコインで満腹

「釜玉うどん」(280円)

「おにぎり」(2ケ170円)
手作り感に溢れ、若干塩味と大きさにムラがあるものの、ふわっと握ってあっておいしい。梅干し入り、香の物添えです。

ここは「山崎食品」という製麺工場なのですが、工場で作っているうどんやそばを、お昼だけイートインで食べられるようになっています。

外観は工場そのもの

場所は、能登食祭市場から氷見方面に向かう途中を右折して住宅街の中に入ります。七尾市民でもあまり知らないような場所にあるので、お店に行く際は十分調べてから向かってくださいね。

お店は工場内にあるので、外観は工場そのもの。店の周りにはのぼり旗が立っています。扉を開け放していて、簡単なテーブルとイスを並べただけの簡素

山崎製麺

☎0767-53-0760
七尾市万行町3－104
営業時間／11:30～13:00
定休日／水、日曜日
席数／30席（晴天時40席）
喫煙可
駐車場／有（30台、大型可）
料金の目安　おすすめ釜玉うどん
280円～
釜玉うどん＋おにぎり（2ケ）　450円～
冷やしうどん（夏商品）　280円～

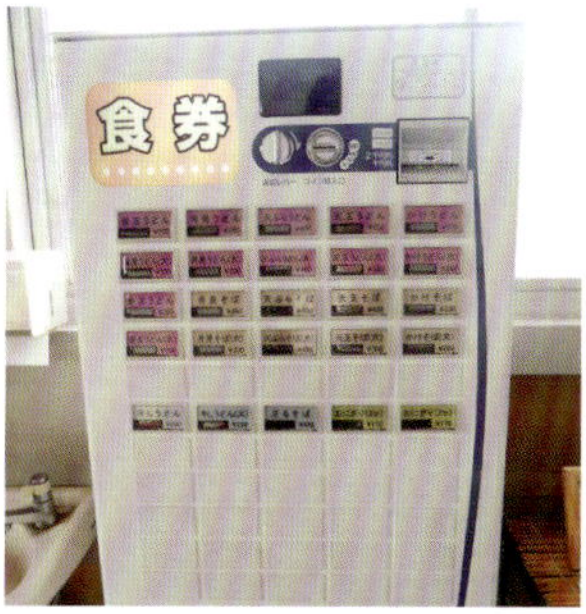

券売機に並ぶ金額表示に、思わず顔がほころぶ

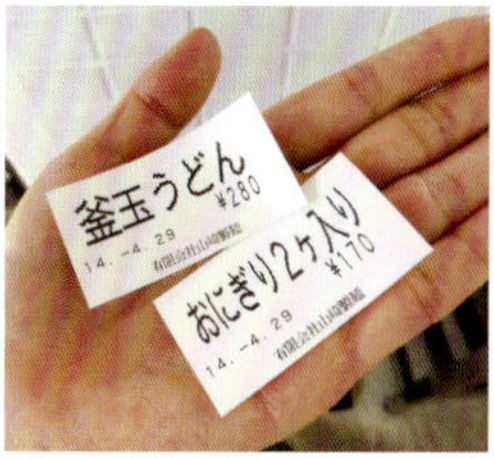

「釜玉うどん」は280円！　工場ならではのお値段

茹でたてのうどんに生玉子と出汁醤油が絡んでうまい！

入るのにちょっと勇気のいる店構えですが、お店の方が親切なので初めてでも大丈夫。釜玉うどんとおにぎりを注文しても500円以下が嬉しい。

いかにも工場内。シンプルな内装がかえって新鮮

な造りですが、それがまたいい感じ。まずは食券を券売機で購入するのですが、表示されている価格にびっくり。思わず二度見して確認してしまう安さ。直売所だから実現している価格ですね。オーダーが通ってから、あまり待たずに出来上がるのも嬉しい。

「釜玉うどん」は、ゆでたてうどんに濃いめの出汁と生卵、ネギをトッピングしたシンプルなうどん。コシのある讃岐タイプとも柔らかめの金沢うどんとも違う、ソフトなコシのあるもっちり系うどんです。

珈琲レストラン はいだるい（七尾市）

一度でヤミツキになるカレー

「はいだるいカレー」（少辛）（850円）具だくさんで栄養満点

「豚ロース生姜焼き定食」（1,200円）に、頭付きエビフライ大1本（400円）をトッピングして豪華に

和倉温泉駅前にある昔ながらの喫茶店で、大きな看板が通りからもよく目立っていますよ。モーニングから営業しており、定食から軽食まで揃っているので、電車待ちにも利用できます。

タコとイカの食感が

ここで私がオススメしたいのは、看板メニューの「はいだるいカレー」。ご飯を覆い隠すように、キャベツやナスといった野菜どっさりで見た目のインパクト大。ルーは、牛肉を5時間コトコト煮て取った旨味の軸がしっかりした出汁《だし》ですから、ピーマンやニンジンなど個性のある野菜もおいしく食べられます。また、野菜は煮込んで

珈琲レストラン はいだるい

☎0767-62-2356
七尾市JR和倉温泉駅前
営業時間／9:00～20:00
ランチ　11:00～14:00（L.O）
ディナー17:00～20:00（L.O.）
定休日／火曜（祝日の場合は営業）
席数／カウンター5席　テーブル30席
分煙
駐車場／有（10台）
料金の目安　昼750円～　夜750円～

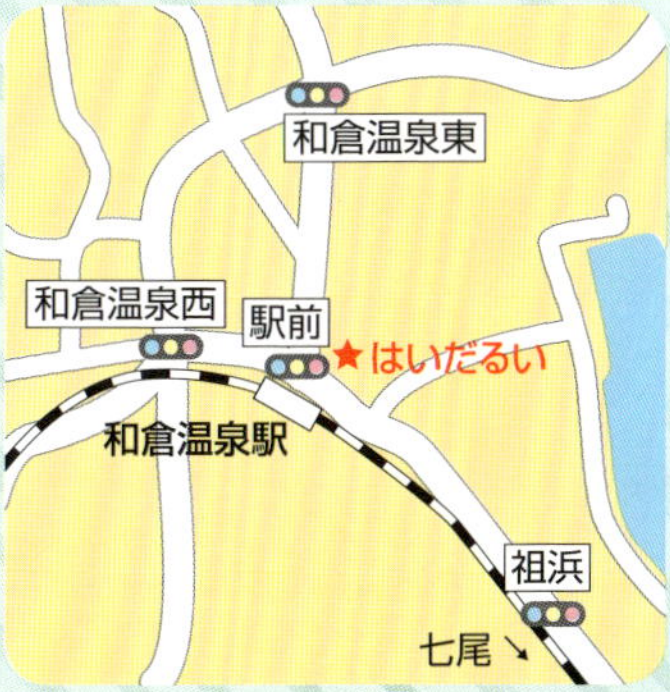

地元の人たちにも愛されているアットホームな店内

店名は能登の方言で、「くだらない」とか「期待はずれ」といった意味ですが、ネガティブな言葉というよりは、気の知れた相手にこそ使うことのできる、ある意味ホットな言葉。「もぉ～はいだるい人やわぁ～」といった具合に使用します（笑）。

「輝（かがやき）」（500円）はいだるいオリジナルブレンドのコーヒーで、スッキリ軽い味わいです。サイフォンで淹れてくれますよ

あるわけではなく炒めてあるので、シャキシャキした歯ごたえあり。タコとイカの跳ね返す弾力もクセになります。辛さは多辛まで選べますが、私のオススメは少辛。少辛でもそこそこ辛く、のどにくるヒリヒリ系の刺激があり、頭皮から汗が滲《にじ》んできます。具だくさんで奇抜なオリジナルカレーですが、完成された味わい。一度味わったら虜《とりこ》になり、無性に食べたくなるときがあります。

定食類も充実していて、どれも男性の胃袋も満足するボリュームです。トッピングを追加して自分好みにカスタマイズできますが、特にダイナミックな有頭エビフライがオススメです。

生《き》そば 槐《えんじゅ》（七尾市能登島）

匠の生粉《きこ》打ち!・島の隠れた名店

「三色盛り」(1,940円)
更科・挽きぐるみ・田舎の3タイプが味わえる合わせ盛り

お茶と一緒に添えてくれるのは、そばボーロ。サクサクで口どけ良し

能登島大橋を渡って島内を向《こう》田《だ》方向に進むと、「そば営業中」の小さな看板が立っているのでお見逃しなく。お店までの案内看板に従って進むと、白地の暖《の》簾《れん》がかかった凛《りん》とした佇《たたず》まいのお店に出合います。

原料にもこだわり

ここのおそばの一番の特徴は、つなぎを使わずにそば粉だけで打つ〝生粉《きこ》打ち〟で、小麦粉やお湯は使用していません。また、原料にもこだわりがあり、そばは長野八ヶ岳山麓の厳しい環境で育った玄蕎麦、水は中能登町瀬戸の「十却坊《じゅっこうぼう》の霊水」のみを使用しています。

「三色盛り」は、更科《さらしな》・挽き

生《き》そば 槐《えんじゅ》

☎0767-84-0655
七尾市能登島向田町118−25
営業時間／11:00～16:00（冬期15:00）予約可
16:00（冬期は15:00）～20:00　予約のみ
定休日／水曜
席数／座敷17席　土間8席
全面禁煙
駐車場／有（7台）
料金の目安　盛りそば1,080円～　三色盛り1,940円

そば湯は、大きな器で登場してビックリ（笑）

道端の看板をお見逃しなく

そば粉100%の生粉打ちで、水にもこだわりあり。さらに、熟練の技を要する"水こね"で更科を提供しているお店は珍しい!!そば通はたまらないはず。

ぐるみ・田舎の合わせ盛りで、違いを食べ比べができていいですね。また、店主の信念もこのセットで味わい尽くせると思います。

そばの芯のみを使用した〝更科〟は、何といってもその純白が眩《まぶ》しく、見惚《みと》れる美しさ。エッジが立っておりシコシコした食感で、清涼感あるのど越しが快感です。

〝田舎〟は、鬼殻のついたままのそばの実を丸ごと石臼で挽いたそばで、しっかりとした野趣があり、噛むほどに広がる〝らしさ〟も美味です。

夢一輪館《ゆめいちりんかん》（能登町）

こだわりのそばと能登和牛

「つけとろろ（おろし、小鉢付き）」（1,200円）

薪ストーブもあってくつろげる雰囲気

能登空港近くの里山にあるそば店。大通り沿いから脇道に入ったところにある古民家で、あたりは長閑《のどか》な山々に囲まれており、私は祖父母の家に帰省したような気持ちになります。店内には切株の椅子や囲炉裏《いろり》、そして薪ストーブがあり、パチパチとはぜる炎が雰囲気も温めています。

薪ストーブで暖かく

そばは信州戸隠産で、水はお店の裏山に湧き出る清流を使用し、つなぎ粉が2割、そば粉が8割の二八《にはち》で打っています。極めて細切りでシコシコとした心地よい弾力があり、のど越ししなやか。雑味のない澄んだ味わ

夢一輪館《ゆめいちりんかん》

☎0768-76-1552
能登町当目28—1
営業時間／11:00～15:00
定休日／月曜（祝日の場合は営業）
席数／テーブル10席　テーブル8席
座敷14席
喫煙可
駐車場／10台
料金の目安　900円～2,500円

「和牛丼」(2,500円)
(能登コシヒカリ、能登和牛、温泉玉子、蕎麦、小鉢、フルーツ)

和牛丼は、能登和牛のロースを卓上コンロでしゃぶしゃぶのように調理し、ご飯にのっけて食べるという贅沢なスタイル。出汁は甘さが控えめで、和牛のうまさがそのまま楽しめます。

「セットの小鉢　夏」
(燻製とうふ、柳田産ブルーベリー、プラム)

いが印象的で、スッと体に入ってきます。

つゆは、自家製焼き飛魚を出《だ》汁《し》に加え、金沢大野の生醤油で仕上げてあるので、どこかに海の香の余韻が残ります。主張が強過ぎず、そばを引き立てていますよ。食器が輪島塗のルーツと言われる合鹿椀《ごうろくわん》なのも見逃せません。

燻製《くんせい》とうふや季節の食材を添えた小鉢がセットになっているのはここならでは。とうふの燻製は、チーズのようなしっかりした食感があり、口に入れた途端ふわっと優しい芳香が鼻腔に抜けます。

つばき茶屋（珠洲市）

絶景とおふくろの味、岬の定食屋

「でまかせ定食」（1,000円）※内容はその日によって違います。

店内からの景色
外海の絶景が眼下に広がります

日本海に突き出た珠洲の岬にある定食屋さん。海岸沿いの道を走り、高台のカーブ先端にあるので通り過ぎないよう注意が必要ですが、逆にこのような立地のため、店内からは日本海の絶景を一望することができます。特に晴れた日は最高で、深呼吸したくなる開放感ですよ。

定番のでまかせ定食

メニューは絞られているので、「でまかせ定食」を注文する人がほとんど。「でまかせ定食」は、昔は能登の家には必ずあった脚付きのお膳で提供されます。料理の中で最も存在感を放っているのが1杯まるごとのイカです。照りのある甘いタレを絡めて

つばき茶屋

☎0768-86-2059
珠洲市折戸町1−3−1
営業時間／10:00〜16:00
定休日／不定休だがほとんど開いている（冬期は休業）
席数／店内22席、外のデッキ6席
店内ランチタイムは禁煙（外の席は喫煙可）
駐車場／有
料金の目安　飲み物300円〜、食事650円〜、刺身定食1,500円〜　単品料理300円〜

イカはまるごと1杯

混んでいるときは提供はゆっくりめになるかも。"能登時間"をあらかじめご了承のうえ、のんびり気分で足を運んでください。

小石に書かれたメニューに心くすぐられます

あって、ご飯が進みますよ。その他おかずには、糸もずくやかじめといった能登らしい海藻料理や、奥能登では通称「そうめんカボチャ」と呼ばれて日常的に食べられている金糸瓜《きんしうり》の酢の物なども並びます。

もっとも、あくまで「でまかせ」なのでメーンのおかずがイカではないこともあるし、隣の人とおかずが異なる場合もありそれも一興です。

奥能登生まれの私にとっては、親しみのあるおふくろの、そしておばあちゃんの味でした。

ここから車でちょっと走ったら、木ノ浦海岸や揚げ浜塩田などがありますから、周辺の観光と併せて訪れてみては。

さど（輪島市）

〝愛情はボリューム〟のお好み焼き店

「ちいちゃん焼き」（130円）
地元の小中学生・高校生は110円、一人2個まで

「モダン焼き」（税込み750円）焼きそば入りのお好み焼き。これもボリュームがスゴイ！

輪島市の中心部にあるテイクアウト専門のお好み焼き店。もうすぐ40年を迎える地元密着型のお店で、親しみ溢れる年配のご夫婦で切り盛りされています。

名物のちいちゃん焼き

メニューはオーソドックスなお好み焼きを中心に、たこ焼きや焼きそばまで揃っていますが、注目したい名物料理は「ちいちゃん焼き」。お好み焼きのミニ版で、夕方、部活帰りの子がよく買いに来る腹ペコメニューです。

生地を鉄板に流し、その上にたっぷりと千切りキャベツをのせて焼き、ソースとケチャップ、マヨネーズをかけて半分に折り

さど

☎0768-22-0826
輪島市河井町18−42
営業時間／11:00~20:30
定休日／月曜
（持ち帰りのみ）
駐車場／なし
料金の目安　お好み焼き130円~780円

その場で出来立てのアツアツをほおばる

「ちいちゃん焼き」を考案した当初はもっと小さかったそうですが、"おまけ"がどんどん大きくなって、今のサイズになってしまったのだとか。地元の学生に対する愛情を感じます。

地元の人たちに愛され続けて40年

畳んであります。手持ち袋に入れてもらって、その場でアツアツを頬張るのがオススメ！　しかも価格は１３０円で、地元の学生は１１０円にしてあげているところに愛情を感じます。

ただ、安く気軽に買えるのは地元学生の特権にしてあげて、大人はちいちゃん焼きと併せて、ぜひ他のメニューも購入してあげてくださいね。

「モダン焼き」は、ベースの生地にヤキソバ一玉と玉子生地層も加わり、けっこうな厚み。奇を衒《てら》わない安心できる味わいで、食べ応え十分。長年愛されてきたお店だということがよく分かります。

奥能登の名産品 珪藻土コンロ
洞窟から切り出す優れもの

珪藻土コンロでトンビをあぶる

和食店で珪藻土《けいそうど》製の卓上コンロを見かけたことがあると思いますが、このコンロ、奥能登で作られているんですよ。

珪藻土は藻類の一種である珪藻の殻の化石よりなる堆積物で、能登半島の珪藻土は、1000万年～1300万年前に日本海で植物プランクトンが堆積し、数百万年前に隆起して地表に現れたものだとされています。

珪藻土七輪は、自然の堆積層を長方形に切り出し、それを削って成型する「切り出し製法」で、原料となる珪藻土は洞窟を掘って採取します。私はその洞窟を見学させてもらったことがあるのですが、予想以上に大変な作業で驚きました。珪藻土は粘土質ですから、洞窟内は足元がずいぶんぬかるみ、長靴は必須ですね。さらにこの作業は機械化が難しいため手掘りとなります。

珪藻土を切り出す洞窟
（珠洲市正院町川尻）

工場に運ばれ、コンロの形に形成したら、2日間かけて焼きの工程となります。一度粉々にした珪藻土を型に詰めてプレスする「練り出し製法」と違い、より均質で耐久性が高いと評価されています。最初は低温でじっくり焼き、最後は水分を飛ばしきるように最高800度で。珪藻土は粘土質でどっしり重いのですが、焼きあがると内部に細かい気孔ができるため、簡単に持ち運べる軽さになります。

珪藻土の切り出し作業

コンロの外側は、炭が入っている状態でも熱くなりにくいので、卓上で食材を調理するのにも適しています。トンビ（イカの口）や干くちこを自分で炙《あぶ》って、軽く焦げ目のついたのを肴に一杯、これ最高です。

のと食紀行「1」

新鮮食材を求めて

生がきにはレモン汁をかけて。シンプルだが贅沢な味わい（協力　宮本水産）

カキで活気づく冬の能登

生で、焼いて、釜飯に　楽しみ尽きないカキ三昧

耳をつんざくような海風が吹く能登の冬。海中で息を潜めているのは、〝牡蠣貝《かきがい》〟です。

カキ棚のある七尾西湾は、カキの餌となるプランクトンが多い穏やかな内海で、養殖に好適とされています。その七尾湾を囲むように、中島から穴水にかけて国道２４９号線が延びていますが、この道は通称「能登かき街道」と呼ばれています。能登かき直売所ののぼり旗が沿道に目立つのは毎冬恒例の光景で、街はカキ一色に活気づきます。

直売所で販売されているカキは、むき身状態のものもあれば、殻付《からつ》きのものもあり。殻付きのカキを一斗缶で買っていく人も目立ちます。

海水が自然の調味料に

現地で味わう醍醐味《だいごみ》は、やはり「生ガキ」。殻を開いてレモンを搾《しぼ》るだけなのですが、海水が自然の調味料となり、格別なうまさです。シンプルでいて贅沢な食べ方ですね。

そして、豪快に殻付きのまま網にのせて調理する「焼きガキ」。パンパンと乾いた音を立てて殻が弾け、固く閉じた隙間から煮え立ったエキスがぶくぶくと溢れだしてきたら食べ頃。軍手をした手で押さえ、かきナイフを差し込み「エイッ」と殻を外します。ぷっくりとした身を口に運ぶと、潮の香りと共にほどよい塩味が広がります。

さらに、酢ガキや蒸しガキ、カキフライにカキの釜飯と、楽しみは尽きません。雪が降る頃に現地まで足を延ばし、水揚げしたばかりの「能登かき」で〝カキ三昧〟といきたいですね。

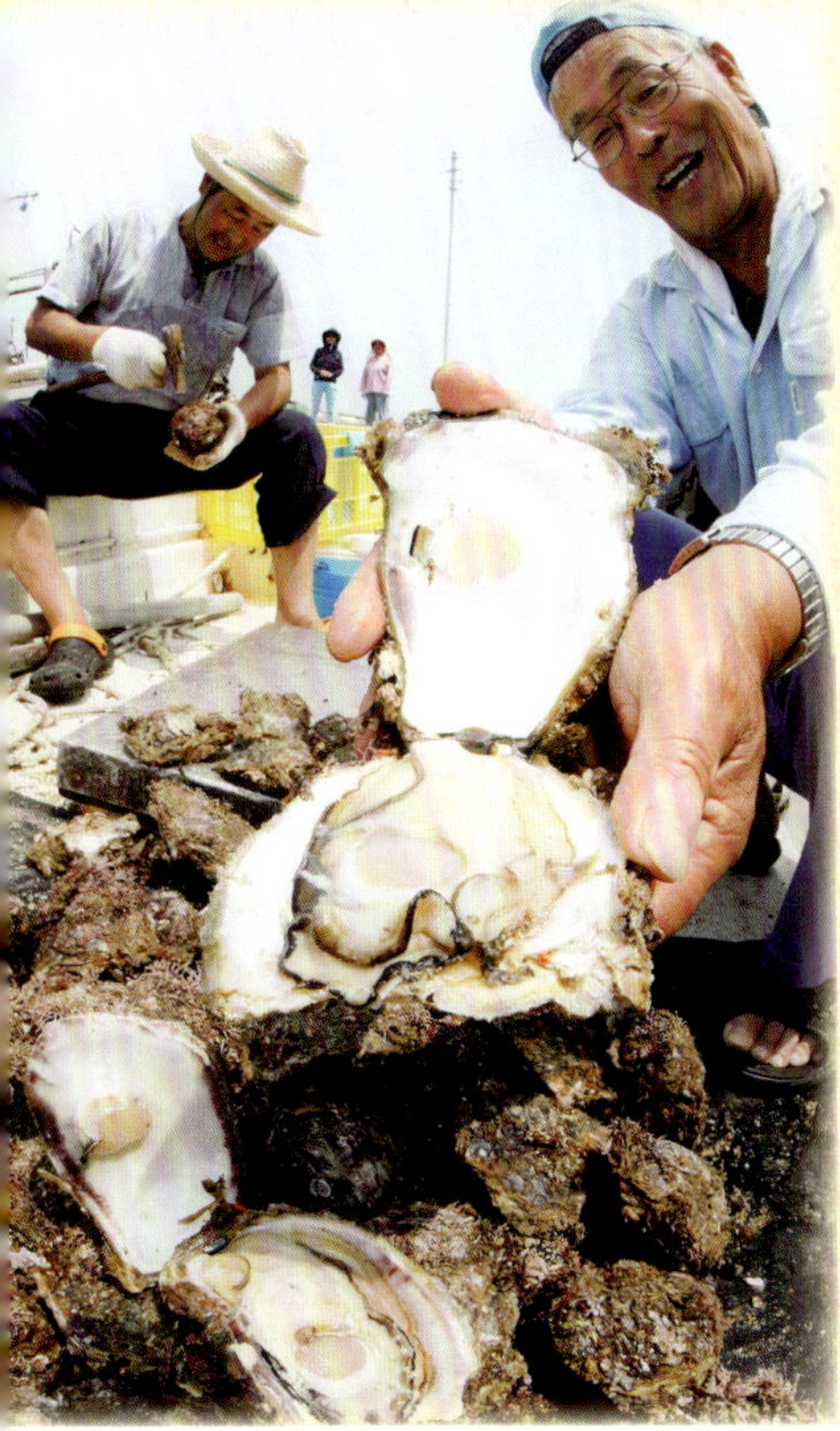

羽咋市の柴垣漁港で水揚げされた天然岩ガキ。漁期は6月中旬から8月中旬ごろまで。濃厚な甘みと大きな身が特徴

焼きガキ。塩の香りが最高の調味料になる

穴水町観光物産協会の「雪中ジャンボかきまつり2015」（北國新聞社共催）で、炭火焼きコーナーでカキを味わう来場者。旬のカキを求め、初日は2万2千人の来場者が詰めかけた＝2015年1月31日、穴水町あすなろ広場

あすかりんの
のと食紀行

能登ふぐを味わう

何と天然フグ水揚げ日本一

能登は天然フグ漁獲高で日本一を誇る

天然フグの水揚げ量日本一を誇るのが、実は能登だということをご存知でしたか？

「え、本当に？」と聞き返したくなりますが、天然フグの漁獲量は全国で6286トン（平成23年度）で、石川県産はそのうち16・3％、2位が福岡県の9・3％です。平成23年から連続して日本一なんですよ。

多くは県外へ、地元消費わずか

数字で聞くと、お宝を発見したような気分になりますが、地元ではあまり消費されておらず、ほとんど県外に出荷されているのが悲しい現状です。能登出身の私も、小さい頃から能登でフグを食べた経験と言えば、「一夜干し」くらいだったように思います。

また、フグといえば山口県の下関や大阪とのイメージがありますが、産地というよりは集積地。全国で最も消費量が多いのは大阪で、全体の約6割にも達するそうです。

ふぐのコース料理は色鮮やかな一皿から

トラフグのテッ皮

見事な包丁さばきでテッサを作る
さわだ旅館の主人、澤田広一さん

能登にとってはせっかく水揚げ量日本一を誇る財産なのですから、全国から「フグと言えば能登」と知ってもらいたいですね。〝まだ知られていないけど日本一〟というのは、これから期待の夢のある食材だと思います。

七尾湾に産卵場

なぜ能登でフグがたくさん獲れるのかというと、七尾湾は、トラフグの産卵場があるからなんです。トラフグは「産卵回帰性」の魚で、ふ化後に能登半島以北の本州日本海・三陸沿岸を回遊した後、能登半島の産卵場に戻ります。そのため能登半島が産卵場であり漁場でもあるというわけです。マフグ、ショウサイフグ、ゴマフグ、シロサバフグといった、トラフグ以外

あすかりんの

のと食紀行

能登ふぐ

フグの旨みが口に広がる焼きもの

トラフグの白子

唐揚げ

目にも美しいテッサ

の天然フグ類も、1年を通して多く獲れているんですよ。また、フグというと全国的に真冬の美味という印象がありますが、能登ふぐの旬は春で、桜の季節からシーズンを迎えます。能登でおいしい天然フグが食べられるとなれば、誘客にもつながるはずです。

コラーゲンも豊富

フグのおいしさは、通常の白身魚にはない食感と旨味。しっとりやわらかくて弾力に富んでおり、味わいは淡泊なのにおしつけがましさのない旨味があり、噛むほどに甘さがじんわり滲んできて後を引きます。実はこれは、美容液の成分としてもよく耳にする「エラスチン」や「コラーゲン」、そして「アミノ酸」によるものなので

能登ふぐのブランド化や、地元での消費を推進する活動が盛んになってきています（協力:さわだ旅館）

クライマックスはフグ鍋で

まだまだ能登でフグが食べられる料理店が少ないですが、私のオススメは、能登島にある「さわだ旅館」。宿泊をしなくても天然フグ料理がコースで食べられます。

さわだ旅館

☎ 0767-84-1021
七尾市能登島向田町に部12−1
営業時間／11:00〜13:30 17:30〜19:30 予約可
定休日／不定休
席数／40席　分煙
駐車場／有（20台）
料金の目安　のとフグコース10,800円〜
ランチ3,240円〜

す。普通、白身魚は遊離アミノ酸が多いのですが、フグはグリシンとリジンが多いため、甘味も強く感じられます。また、皮のゼラチン質はコラーゲンで、身の弾力はエラスチンが生み出しています。加えて、良質なタンパク質、ビタミン、ミネラルが豊富で、特にコラーゲンが20％と多いのに対し、脂質は0・1％しかない高タンパク低脂肪食品なんです。こんなにヘルシーな食材というのは、目から鱗。あまり知られていない意外な魅力です。

　フグは北九州地方などでは縁起を担ぎ、「福」につなげて「フク」と呼びますが、能登では豊かな里海を回遊した天然ものが味わえるわけですから、強力な福が呼び込めそうですね。

キモうまグルメ「ナマコ」

能登の気候、自然が育む最高級品

七尾食祭市場で売られている活ナマコ

寒さと共に美味しさが増す能登の冬の味覚は、鰤《ぶり》やカニ、牡蠣《かき》などさまざまありますが、七尾の〝ナマコ〟も忘れてはなりません。見た目のグロテスクさから、「ちょっと…」と苦手意識を持つ方も多いですが、ナマコは能登を代表する〝キモうまグルメ！〟七尾を中心として水揚げされるナマコは、東京・築地で最高級品として扱われています。

良質のプランクトン

なぜ七尾のナマコは美味とされるのでしょうか。実はそのおいしさの秘密には、「地域の必然」があります。まず気候が挙げられますが、能登の厳しい寒さは、冷たい水が大好きなナマコにとっては過ごしやすく、生育に好適な場所なのです。さらに、ナマコが食料にしているプランクトンの質の良

泥質の場所に住む青ナマコは、軟らかくソフトな食感

岩礁地帯に生息する赤ナマコは、コリコリとした歯ごたえ

ナマコの卵巣を干した「干しくちこ」は高級珍味。私も大好物ですが、高価ゆえなかなかお口に入りません。旨味が凝縮されており、日本酒が進む味わいです

さが挙げられます。山から流れ込む養分をたっぷりと含んだ水と清らかな海水が混じり合う能登の海には、良質な海藻が育ち、その海藻をプランクトンが食べ、さらにそのプランクトンを能登のナマコが食べて育つので、深い味わいと程よい磯の香りが生まれるのです。

現在ナマコは、絶滅危惧種に指定される恐れも出てきたと聞きますから、さらに稀少価値が高まる可能性があります。

赤と青の2種類

七尾で主に食用とされているナマコは「赤ナマコ」と「青ナマコ」の2種類です。「赤ナマコ」は岩礁地帯に生息しており、かたくコリコリとした歯ごたえが特徴的。「青ナマコ」は、泥質の場所に住

「ナマコの軍艦巻き」(七尾市の料理店「番伊」)

「ナマコしゃぶしゃぶ」(七尾市の料理店「番伊」)

んでおり、軟らかくソフトな食感です。ナマコの調理に慣れている方は良くご存じですが、持ってみてしっかりと固く、表面のイボイボが立っているのが鮮度の良いものです。ナマコ酢がオーソドックスな食べ方ですが、軽く湯に泳がせてしゃぶしゃぶにするのもオススメです。

海の朝鮮人参

また、ナマコはキモくてうまいだけではありません。中国でなまこは滋養強壮薬や皮膚薬として用いられ、〝海の朝鮮人参〟の意味で「海参《ハイシェン》」と呼ばれています。健康効果にも注目したい食材です。

さらに江戸時代には、干しアワビ、ふかひれ、干しナマコが「俵《ひょう》物三品《もつさんぴん》」と呼ばれ、中国(清)への主要な輸出品とされていました。

さらに地元では、加賀藩の初代藩主前田利家と正妻まつが、幕府の要人をナマコの腸である「このわた」と酒でもてなし、株を上げたという話も残っています。歴史にも登場し、外交やおもてなしにも一役買ってきたんですね。そう聞くと、なんだか〝ナマコ様様〟な気がしてきました。ナマコの腸を塩辛にした「このわた」も、ウニ、からすみ(ボラの卵の塩漬け)と並んで、日本三大珍味のひとつとされています。

再生可能な内臓!?

でも、やっぱり不思議生物なのがナマコ。ナマコは不活発な夜行性で、ゆっくりと海の底を這って移動します。外敵から身を守る際

「ナマコ酢みぞれ和え」（七尾市の料理店「番伊」）

箸を使って丹念に進められるこのわた作り＝石川県穴水町中居南

ナマコの卵巣を三角形状にしてつるし、1週間ほどでくちこが出来あがる＝石川県穴水町新崎

は、真皮と筋肉からなる体壁を収縮させて体を硬直させます。それだけでなく、実は防御力も備わっており、危険が迫ると、内臓をババーっと吐き出して身を守ることもあるんですよ。体外に放ってしまった内臓は、1～3カ月ほどで再生されるそうですが、なんだか妖怪みたいで謎めいています。

この〝キモうま〟、見た目も味も効能もただ者ではありません。

鮮魚の刺身を甘辛い出汁でしゃぶしゃぶ

漁師さんのトコトコ鍋

体の芯から温まる 魚のすき焼き

奥能登の伝統料理というと、魚醤《ぎょしょう》いしるを使った料理が一番に挙がりますが、輪島の漁師町には、いしる料理とは別の伝統料理があります。

甘辛い出汁でしゃぶしゃぶ

輪島には漁師町が2つありますが、その一つの輪島崎町で昔から漁師が食べていたのが「トコトコ」という、言わばすき焼きの魚版のような料理です。ネーミングがなんだかかわいらしく印象的で、古いけど新しい響きですね。

名前はトコトコと太った秋サバを船上で刺身にし、トコトコと煮え立つ甘辛い出汁《だし》でしゃぶしゃぶにすることから来ているようです。その日獲れた鮮魚で作るのが漁師めしですから、サバ以外にも、アンコウやタラ、鰤《ぶり》、フクラギなど、魚は幅広く応用できます。

つけだれにはニンニクがたっぷり

今回のトコトコ鍋は少し豪華にフクラギを使って

ニンニクたっぷりで

獲れたての魚を捌《さば》いて、最初は刺身として食べ、そのあとは〝魚すき〟として味を変えて食べられるのもいいですね。漁師町では、具はシンプルに薄切りの玉ねぎだけで、余計なものは加えません。玉ねぎからも自然な甘さがスープにしっかり出てきますよ。また、ニンニクを入れるのが定番で、すりおろしニンニクをたっぷり入れることで、芯まで冷えた体が内側からホクホク温まり、パワーがみなぎってきます。ご飯がもりもり進みますし、旨口の燗酒も飲みたくなる味です。

輪島塗の器で堪能

トコトコ鍋が食べられるお店の

うるしの宿 やしき旅館

☎ 0768-22-0138
輪島市河井町15−13
1泊2食12,980円〜

輪島塗の器が並ぶやしき旅館

地物の山海の幸を味わえるやしき旅館

一つが、朝市からも近い「うるしの宿 やしき旅館」さん。ここは、地物食材を使用した店主手作りの料理を、輪島塗の器で堪能できるお宿です。食器が夕食朝食共に輪島塗づくしであることはもちろん、内装にも漆塗りが施されており、宿内には趣が漂います。

お食事は、地物の山海の幸をふんだんに取り入れた店主渾身《こんしん》の料理で、一品一品懐石風にお部屋に運んでくれます。輪島の美味に、漆特有の色と艶、手触りのいい質感が加わり、食事により一層深みが増します。食事を堪能した後は、坪庭付きの温泉である「漆芸檜風呂」で、体の芯から輪島に浸ってください。

トコトコ鍋は予約して、お食事だけでも楽しめます。ここでは卓上鍋で一人前ずつ提供してくれますよ。具は漁師町よりもちょっと豪華で、下ごしらえした根菜類も添えてあります。付けダレにはスライスのニンニク入りですから、魚と一緒に食べるかはお好みで調整できます。

輪島の銘菓「丸柚餅子《まるゆべし》」

時の流れが凝縮されて ほろ苦さが妙味奏でる

中浦屋の丸柚餅子。柚子の皮を器に使い、手間ひまかけた重厚な色と、深い味わいが特徴

価値の分かる人に贈りたいのは、中浦屋(輪島市)の丸柚餅子《まるゆべし》。

全国各地に名物の「ゆべし」がありますが、中浦屋のゆべしは柚《ゆ》子《ず》を贅沢《ぜいたく》に丸ごと1個使用し、形状も柚子そのままの〝丸柚餅子〟。

これが石川県輪島の代表銘菓として定着した理由としては、輪島塗の行商人が携行食としていたことや、顧客への手土産にしていたことから広まったという説が有力とされています。

柚子皮の器で熟成4カ月

柚子を器として使用するわけですから、まずは中身をくり抜く作業から始まります。晩秋頃から収穫された旬の柚子を、竹べらを使って中身を丁寧に取り出し、外皮を破らないようにごくごく薄く残します。光を当てると向こう側まで透けるくらいに仕上げなくて

柚餅子総本家 中浦屋わいち本店

☎ 0768-22-0131
輪島市河井町4部97
営業時間／8:00～18:00
休日／1月1日
駐車場／有（5台）

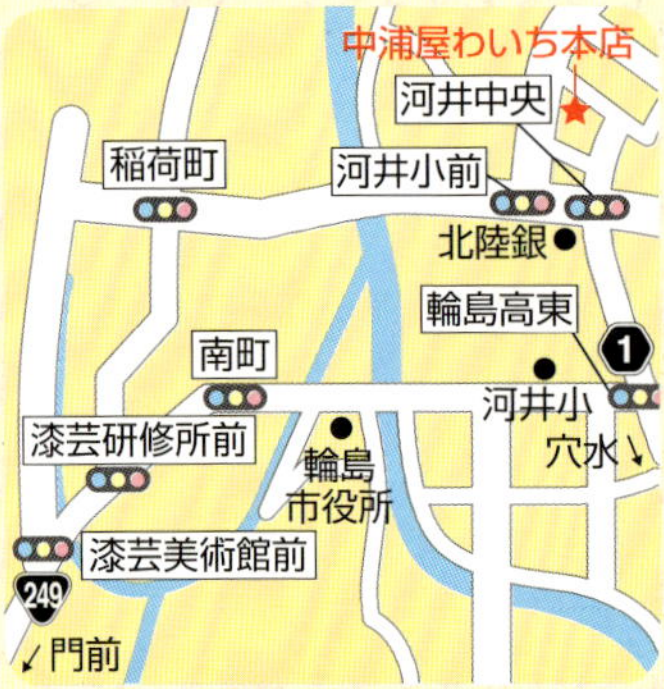

くり抜いた柚子釜に、餅米を詰めて蒸篭で蒸し、その後、4カ月以上かけて自然乾燥させる

柚子の中身をくり抜いた「柚子釜」。皮は向こうの灯りが透けるほど薄くなっている

はならないため、熟練した職人の技が必要とされます。

　丸柚餅子が珍重される理由の一つは、その熟成期間の長さにあります。くり抜いた柚子釜に、味付けして練り上げた餅米を詰めて蒸篭《せいろ》で蒸し、その後は4カ月以上の歳月をかけてゆっくり自然乾燥させます。〝根気強く待つ〟のも大切な工程なのです。また、年に1度しか仕込めないわけですから、失敗が許されない真剣勝負です。

しみじみとした美味しさ

　ようやく出来上がった丸柚餅子は、深みのある美しい飴色《あめいろ》で、熟した柿のような透明感があります。鼻腔《びこう》をかすめるのは、日本人のDNAを刺激する醤油《しょうゆ》の甘い香りと品の良い柚子の風味。弾力のあるゼリーのような独特の歯触りに、夢中で噛み心地を楽しめば、舌に語りかけてくる雅な甘さと滋味が徐々に広がり、後を引くほろ苦さが妙味を奏でます。しみじみと心に伝わってくる美味しさは、凝縮された時の流れをも感じさせてくれる気がします。

　お茶菓子としてはもちろんのこと、ブランデーやウイスキーのおつまみとしても最適なので、大人の男性にも喜ばれます。

【私の好きな能登のお菓子】

【水ようかん】

輪島の冬と言えば、コタツでミカンではなく、コタツで水ようかんが定番。各和菓子店では特に冬季に集中して販売が開始します。

【ながまし】

赤と緑の着色をした細長いお餅で、中にはあんこ入り。毎年5月3日から5日に七尾市で開催される日本最大規模の曳山「青柏祭（でか山）」の期間中には、各家で必ず食べられています。

【あいどら】

杉森菓子舗

大粒で赤味が特徴の能登大納言がギッシリ詰まった愛たっぷりのどらやき。1個でお腹いっぱいになる大満足おやつです。能登大納言の風味の良さもしっかり感じられますよ。

【のと情熱大福】

モンブラン、いちご&ミルク

杉森菓子舗／本店・七尾市田鶴浜町リ45
☎0767-68-2016

ほちゃほちゃな大福の中に栗ペーストやいちご餡、さらにミルキーなクリーム入りの、和であって洋の顔も見せる新感覚和菓子です。サイズはやや小ぶり。一度聞いたら忘れないネーミングもGOOD!

【豆あめ】

梅屋常五郎／本店・七尾市作事町1
☎0767-53-0787

七尾を代表する伝統菓子の一つで、「まめあめ」「大豆飴」とも呼ばれています。大豆粉と水飴などを練り合わせたソフトな弾力あるお菓子で、その食感と大豆の豊かな風味が特徴的。

【みそまんじゅう】

みそまんじゅう本舗 竹内／本店・七尾市田鶴浜町を14
☎0767-68-2053

七尾・田鶴浜を代表するロングセラー銘菓です。みそ入りの和菓子と聞くとミスマッチ感がありますが、甘い白餡に発酵食品のコクと風味が見事にマッチングしており、完成された味わい。一度食べたら忘れられないおいしさです。

【いも菓子】

いも菓子の泉谷／珠洲市飯田町15−11
☎0768-82-2114

色も形も食感もサツマイモそっくりですが、サツマイモは使われていないという不思議なお菓子で、程よい甘さにニッキが香ります。白餡には芋の繊維に見立てた糸状の昆布を入れるという細かい演出もあり。菓子は一つ一つ串に通し、焼き芋のように焼き上げるんですよ。

【えがらまんじゅう】

饅頭処つかもと／輪島市河井町1−90
☎0768-22-0672

くちなしで染めた黄色いもち米を表面にまぶした蒸しまんじゅうで、中にはこしあん入り。その姿が栗の「いが」に似ていることから、なまって「えがら」と呼ばれるようになったそうです。輪島の朝市では出来立てを1個から購入できますから、これを頬張りながら朝市散策するのがオススメ。なめらかなこしあんの甘さと粒々の食感も美味!

「カフェ・スイーツ」

ルミュゼドゥアッシュ（七尾市）

内海を眺め辻口スイーツを満喫

「デリス オ カフェ」（手前459円）和倉店限定。優しい苦味の効いた優雅な味わいのカフェムースの中に、能登栗のクリームと香ばしいヘーゼルナッツ入り。
「ヴォルカン」（奥486円）和倉店限定。中島菜のムースに木苺の酸味とショコラの重厚感がハーモニーを奏でる、エレガントでチャーミングな一品

「わくたまオ・レ」（486円）
低温ローストした石焼ブレンドコーヒーにのとミルクをたっぷり加えたカフェオレ。和倉温泉ゆるキャラ「わくたまくん」がデコレーションされたマシュマロを浮かべて

パティシエのワールドカップと言われる「クープ・ド・モンド」でも個人優勝経験のある辻口博啓氏が、故郷である七尾市にオープンしたカフェ&ミュージアム。辻口氏のお店と言えば、東京の自由が丘や渋谷が有名ですが、このお店にも当然ながら長い列が出来ています。

晴れた日にはテラスも

お店は和倉温泉内の海沿いにあり、店内に一歩踏み込むと、長いアプローチの先に、静かな内海が広がっています。対岸に見えるのは能登島。心がすがすがしくなるようなロケーションのため、晴れた日はテラス席も人気です。（テラス席は夏期限

ル ミュゼ ドゥ アッシュ
（LE MUSÉE DE H）

☎0767-62-4002
七尾市和倉町ワ部65−1
営業時間／9:00〜19:00（カフェ9:00〜18:30L.O.）
定休日／無休
席数／30席
全面禁煙
駐車場／有（20台）
料金の目安　スイーツ　200円〜

「辻口ロール〜塩キャラメル」（324円）

「のとミルク
のむヨーグルト」

辻口氏は、パリで開かれる世界最大のチョコレートの祭典「サロン・デュ・ショコラ」で、世界最高評価である「5タブレット」を2013年と2014年の2年連続で獲得。ショコラティエとしても注目を集めています。

店内からは七尾湾と能登島を眺めることができる

定）

天井は見上げるほど高く、黒基調のスタイリッシュな空間造りがされており、壁には辻口さんのデッサンが描かれています。

「辻口ロール塩キャラメル」は、ほのかな苦みと塩味、香ばしさに上質な甘さが一体となった、シンプルながら味わい深い一品です。

また、飲み物には「のとミルク」もあり、「のとミルクのむヨーグルト」は濃厚ですがピュアな味わい。ブルーベリーなど季節によって変わるシロップを入れて2度おいしい演出です。

旧酒蔵がオシャレなカフェに

ICOU《いこう》（七尾市）

「ICOUランチ」（限定20食950円、ドリンク付1,100円）ご飯は白米か玄米を選択できます。

人気の「パンケーキ」は驚くほどふわふわ。添えられた生クリームも絶品

明治40年頃に建てられた旧鹿《か》渡《ど》酒造をリノベーションしたお店。当時の看板はそのまま使用し、内装も梁《はり》などはそのまま残してあります。老舗《しにせ》の風格漂う空間に現代的な要素を融合させた、オシャレでとっても落ち着きのあるスペースで、2013年1月にオープンしてから人気を呼んでいます。店名には、「行こう」と「憩う」、そして移り行く時間を意味する「移行」の意味が込めてあり、「I（私）、CO（共に）、U（あなた）」というキーワードも隠れているんですよ。

地元食材を味わう

「ICOUランチ」は、主に

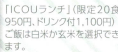

ICOU（イコウ）

☎0767-57-5797
七尾市木町1−1
営業時間／◎ランチ 11:00～14:00（L.O.13:30）◎カフェ 14:00～18:00（パンケーキL.O.17:00）（その他L.O.17:30）◎ディナー 18:00～24:00（食事L.O.21:30）（ドリンクL.O.23:30）
定休日／火曜、第3水曜（祝日なら翌日）
席数／カウンター3席　土間10席　小上がり11席　全席喫煙可
駐車場／5台分あり
料金の目安　ランチ900円～（税別）
ディナー　コース2,500円～

酒蔵をリノベーションしたおしゃれな店内で心安まるひとときを

「チーズケーキ　ジェラート添え」
自家製チーズケーキは、表面をキャラメリゼしパリパリ食感と香ばしさを出してあります。密度の濃い上質なチーズケーキに、ほろ苦さがハーモニーを奏でます

ランチタイム、カフェタイム、夜ごはん、バータイムまで通し営業をしています。それぞれの時間でメニューも違うので、時間帯を変えて何度も訪れる楽しみも。

「抹茶とクリームチーズのロールケーキ」（420円）

地元産の食材を使用し、お魚屋さんのさばみりんや能登島産豚肉と珠洲産大豆のトマト煮など、ほっこりしたお惣菜メニューが中心です。

カフェタイムは、自家製スイーツや七尾の有名店のお菓子を味わうことができます。

「抹茶とクリームチーズのロールケーキ」は、七尾・一本杉通りにあるお茶屋「北島屋」の石臼で挽いた抹茶を使用したロールケーキ。生地がきめ細かくてしっとりしており、上品な大人味で、落ち着いた味わいのクリームチーズとの相性も抜群です。

二三味《にざみ》珈琲cafe（珠洲市）

全国から注文の実力店、映画にも

コーヒー
ショーケースの中の珈琲から選んで飲むことができます（500円）。カップは九谷焼「萌窯」製

「ニューヨークチーズケーキ」（350円）
どっしり濃厚なタイプですが、後味はライトであっさり頂けます。酸味と甘味が絶妙なバランス感の清楚で上品な味わいで、コーヒーのおいしさに寄り添います

内装はシンプル。コーヒーそのものの味わいを楽しめる

全国にファンを持ち注文が入る焙煎《ばいせん》所「二三味《にざみ》珈琲」が直営するカフェ。焙煎所は、カフェから少し離れた珠洲市木ノ浦海岸にある〝舟小屋〟で、さざ波しか聞こえない長閑《のどか》な場所にあります。

元々は焙煎所でコーヒー豆の販売を行っていましたが、オーナーの二三味さんが「このコーヒーをゆっくりと味わえるお店を」と、2008年7月に珠洲市の中心部である飯田にカフェをオープンしました。

店内は白を基調とし、木のぬくもりがあるナチュラルで心地良い空間。お店の中に一歩入ると、焙煎された珈琲豆の甘く香ばしい香りに迎えられます。鼻《び》

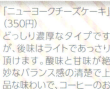

「フルーツロール」(350円)
表面をパリッと焼き上げた、しっとり上品なシフォン生地が美味。クリームはヨーグルト入りで、爽やかな酸味が果物とも相性良し

二三味《にざみ》珈琲cafe

☎0768-82-7023
珠洲市飯田町7−30−1
営業時間／10:00〜19:00(1、2月は10:00〜18:00)
定休日／月、火曜
席数／25席
禁煙(外のテラス席は喫煙可)
駐車場／有(5台)
料金の目安　コーヒー500円　ケーキ350円

オーナーの二三味さんは、東京・成城の「マルメゾン」で4年間、菓子職人の修業を経験しています。ケーキにはそれに合うコーヒーが付きものということで、「珈琲工房ホリグチ」で4年間、コーヒーについて学ばれたそうです。

豆の種類も豊富

腔《こう》をくすぐるアロマに優しく包み込まれ、リラックスした気持ちになります。

遠方からの愛好家も

ショーケースには14種ほどの珈琲豆が並んでおり、それぞれの産地や味わいの特徴が分かりやすく書かれていますから、珈琲に詳しくなくても選びやすいはずです。

週末や連休などは遠くから来店するお客さんで賑わっていますが、平日には地元の方も集まり、コーヒーブレイクを楽しんでいます。能登半島の先端で焙煎されたコーヒーを、こだわりのスイーツと共にお楽しみください。

古川商店

（珠洲市）

奥能登の幸を生かした匠のパン

「冷やしクリームパン能登大納言こしあんクリーム」（左259円）と「冷やしクリームパンすずしお黒ゴマホイップクリーム」（右259円）甘さ控えめのホイップクリーム入り。大人も飽きずに食べれる味です

地元で採れた無花果や柚子の天然酵母パンもオススメ!

珠洲市飯田にある人気のパン屋さん。お土産選びもできますから、珠洲に来たらここに立ち寄ってみることをオススメします。

お店は交差点の角にあり、建物はプレハブを可愛らしくアレンジしてあってユーモア溢れるセンスもツボ。お店に入ると、パンが並ぶ販売台の向こう側が厨房になっている造りで、熱気ムンムンです。時折、焼きたてのパンがオーブンから出てきますよ。元気で明るい奥様も、店内の空気を温めています。

店主の古川一郎さんは珠洲出身で、県外で修業したのち帰省。パンは、天然酵母系から菓子類や惣菜パンまでバリエーション

古川商店

☎0768-82-0231
珠洲市飯田町よ8−1
営業時間／（平日）10:00〜19:00、（土・祝）9:00〜18:00
定休日／日、月曜（月曜が祝日の場合は営業）
駐車場／有（5台）
料金の目安　パン60円〜　焼き菓子350円〜

人気の菓子「黒糖コゲパン」（378円）

チャーミングなパッケージデザインやPOPは、奥様の古川まみさんが描いています。店内には「黒糖コゲパン」誕生秘話の絵本もありますから、立ち寄ったらぜひ読んでみてくださいね。思わずクスリッと微笑んでしまいますよ。

お店では明るい奥様が迎えてくれる

豊富ですが、能登大納言や大浜大豆、珠洲の揚げ浜塩など地元食材使いが目立ち、それらの個性を最大限生かしたパン作りをされています。

やみつき、オリジナル菓子

オリジナル菓子では「黒糖コゲパン」が人気。パッケージに書かれている「うまいのきゃ」は能登の方言で、「これはうまいよ」の意味。パンのミミで作った正方形の小さなラスクで、黒糖のコーティングがされているので、コクのある甘さの中にホロリとくる大人の苦味が後を引きます。口の中で鳴り響くカリカリと乾いた音も美味。

しお・CAFE（珠洲市）

揚げ浜塩使い奥能登の幸を

「しおサイダーパンケーキ　ブルーベリー&ストロベリーソース」(1,000円・税別)地サイダーカクテル里山(左)・里海(右)(各400円・税別)
パンケーキの生地には「しおサイダー」入り!口に入れた瞬間まろやかなあまじょっぱさが広がります。しっとり系の生地ですが、炭酸が入っているため、ほわほわっとふんわり焼き上がっているのも味わいポイント

「能登牛プレミアムビーフシチューセット」(ビーフシチュー、バゲット、揚げ浜塩オリーブオイル、しおゼリー、2,600円・税別)と、焼きポテト(ハーブ塩をかけたローストポテト、400円・税別)

珠洲が誇る特産物「奥能登の揚げ浜塩」を使用したメニューを提供する専門店。場所は、朝市などで有名な輪島から海岸沿いの一直線上にあり、道中には観光名所である千枚田や塩田もありますので、ドライブがてら風景を楽しみながら訪れてください。

波が聞こえる距離にお店があり、お店の窓からは海を一望できますよ。

能登牛のシチュー

「能登牛プレミアムビーフシチュー」は、能登が誇る希少なブランド牛〝能登牛〟をおしげもなくゴロゴロと使用。じっくり煮込んであるので、ほろほろ

しお・CAFE

☎0768-87-2111
珠洲市片岩町ノ部12番
営業時間／10:30〜19:00（L.O.18:30）
定休日／水曜
11月〜3月は火、水、木（祝日の場合は営業）
席数／カウンター7席　テーブル席16席　テラス席4席
禁煙（喫煙はテラス席のみ）
駐車場／有
料金の目安　1,500円〜

「マイハーブ塩作り」（800円・税別）
オレガノ、タイム、バジル、ローズマリーに、ブラックペッパーと奥能登の揚げ浜塩をお好みでブレンドして瓶詰。あっという間に自分だけのハーブ塩が完成。お土産にもグッド！

「海のなかま　しおゼリー」
（単品300円・税別）
揚げ浜塩を使用した涼やかなゼリーで、浮かんでいる海の動物も可愛らしいですね

バゲットは、揚げ浜塩とオリーブオイルに合うように作られたもので、メインに負けない主役級の脇役！揚げ浜塩の深いコクと旨味が、オリーブオイルと合わさって長く余韻を残します。

柔らかく、贅沢なうまさに浸ることができます。野菜は地元珠洲産で、一皿に能登のおいしさが詰まっています。

「焼きポテト」は、じゃがいもに、オリジナルハーブ塩をかけたシンプルな料理ですが、これが最強の取り合わせ。旨さに存在感のある地元産じゃがいものおいしさを引き出し、鮮烈なハーブの風味が口いっぱいに広がって鼻腔《びこう》に抜け、ロマンティックな余韻を残します。じゃがいもはフライではなくローストなので、脂っこさがないのもまたいい。

マルガージェラート能登本店（能登町）

農業遺産育ちの生乳100％ジェラート

「フレッシュミルク」

人気店のジェラートを本場で味わいたい

野々市市にある人気ジェラテリアの能登本店がここ。里山に囲まれた中にポツンとある小さなお店ですが、休日ともなれば客足が途絶えず、たくさんの人で賑わっています。

ＭＡＬＧＡはイタリア語で「小高い丘にある牧場」という意味で、ジェラートは世界農業遺産に認定された奥能登の丘陵でのびのび育ったホルシュタイン乳牛の生乳を１００％使用しています。

コクが広がるミルク

私が一番好きなのは、すべての味のベースになっている「フレッシュミルク」。無添加で新鮮なミルクは風味が鮮烈で、口

マルガージェラート能登本店

☎0768-67-1003
能登町瑞穂163−1
営業時間／10:00〜18:00
定休日／（3月〜10月）無休、（11月〜2月）水曜
席数／テラス席25席
テラス席で喫煙可
駐車場／普通車20台、大型バス1台
料金の目安　シングル310円、ダブル430円

能登ならではのジェラートも見受けられるメニュー表

ショーケースの14種類からジェラートを選び、緑に囲まれた屋外の席で能登の空気と共に味わってください。おまけに他のフレーバー1種類をちょこんと乗っけてくれ試食できますよ。

「能登大納言あずき」

の中でミルキーな味わいがパッと咲いたかと思うと、滑らかな口どけと共に生乳のコクが広がります。ジェラートはアイスクリーム類の中でも乳脂肪分が低いため、後味は軽くさっぱりしているのが魅力です。

　その他のジェラートも、珠洲産天然塩、能登大納言あずき、赤崎いちご、柳田ブルーベリー、能登パンプキンなど、地物食材を多く取り入れてあるのがポイント。

　果実類は素材の風味を引き出すために、牛乳を使わないでシャーベットに仕上げてあります。ジェラート以外にも海洋深層水仕込みのチーズやヨーグルトもありますよ。

ビオベル（穴水町）

かわいいお店で風味豊かなおやつ

「ハニーピザ」（650円）

「フレッシュハーブティー」（400円）

能登ワイン工場手前の、広々とした丘にポツンと佇《たたず》むカフェ。辺りには葡萄《ぶどう》畑も広がっており、能登半島の息吹を感じられる長閑《のどか》なロケーションがステキです。お店の前にはお花やハーブなどをセンス良く植え込んであって、アプローチからロマンティックな雰囲気ですよ。

店内入り口にはカウンターがあり、手作りクッキーが入った瓶がズラリと並んでいます。イートインフロアは、カントリー調でリゾート感に溢れ、温かみの中に女性のツボを突く気品も感じられます。

飲み物はフレッシュハーブティーの準備があり、この空間で頂くと格別なおいしさです。

ビオベル（Vio Bell）

☎0768-58-8001
穴水町旭ヶ丘リ1−3
営業時間／11:00〜日没まで
定休日／水曜、臨時休業有（冬期間は火･水･木曜定休）
席数／18席
全面禁煙
駐車場／有（8台）
料金の目安　900円〜

店主の兼田正子さんと娘さん

なだらかな草原の中に表れるビオベルの看板

私は小休止に立ち寄って、クッキーやアイスクリームをドライブのお供にテイクアウトすることが多いです。クッキーはお土産にしても喜ばれますよ。

クッキー「ラベンダー」
（2枚130円）

オススメのハニーピザ

軽食には薄焼きタイプのピザがあり、ベーコンピザやねぎジャコピザなど食事系もありますが、私のオススメはデザートピザの「ハニーピザ」。チーズと蜂蜜を合わせたシンプルなピザですが、チーズの芳醇《ほうじゅん》な味わいに、甘さにコクのある蜂蜜がベストマッチです。

さらにここのクッキーは、特にハーブ系がイチオシ。「ラベンダークッキー」は、風味豊かで、口に入れたら目の前にラベンダー畑が広がるようです。

おいしい能登★コラム☆

輪島のおいしい「かかし」
卵、ソーセージ、フランクフルトで

「かかし（案山子）」というと、田んぼや畑で人間の代わりに鳥などを追っ払ってくれる等身大の人形で、「へのへのもへじ」で顔を描いてあるのを想像しますが、奥能登をドライブしていると、時折オシャレなかかしに出会うことがあります。割烹着姿のお母さんもいれば、ワンピースを着たハイカラお嬢さん、原宿にいそうなカジュアルな服装の男の子、ビシッとベストを着た紳士まで!思わず顔がほころびます。最近のかかしのファッションセンスには目を見張るものがありますね。車を止めてじっくり眺めたくなります。

奥能登のお洒落なかかし

害獣は追い払えても、人間はたくさん寄ってくるかも（笑）

輪島で愛されている串揚げ「かかし」

さて、輪島には美味しい「かかし」があるのをご存じでしょうか。

地元の人に長年愛されてきたソウルフードで、その名の通りかかしをモチーフにした串揚げなんですよ。頭の部分はうずらの卵、手はソーセージ、胴体はフランクフルトで出来ていて、なんとも愛らしい風貌をしています。

食べるときは揚げたてが一番!衣はカリカリと香ばしく、ソーセージの旨さもギュっと凝縮しています。おやつにもビールのおつまみにもぴったりですし、夕食の1品として登場することも。

どちらも愛すべき能登のかかしです。

のと食紀行「2」

本物が息づく土地

あすかりんの

のと食紀行

全工程手作り、鳥居醤油店

ゆでた大豆と炒った小麦を混ぜ、麹菌をまぶす鳥居さん(右)。醤油作りはここから始まる

大豆と塩は珠洲産、小麦は中能登町産を用い、能登の味にこだわる

雪舞う冬の朝、七尾市一本杉通りにある鳥居醤油店の蔵で、目を閉じて静かに手を合わせる姿がありました。炒った小麦と茹でた大豆を混ぜ合わせて麹菌《こうじきん》をまぶす工程は、醤油《しょうゆ》造りの第一歩。

「これは昔からずっと続けている儀式なのよ」と語るのは店の3代目、鳥居正子さん。麹菌も生きものですから、おいしい醤油ができるようにと、魂を吹き込む大切な作業の前に祈りを捧げたくなるのは、なるほど分かる気がします。

昔ながらの手作業で

私が自宅で使用しているお醤油と出汁《だし》醤油は、実はずっと鳥居さんのもので、ここの醤油を使ったら他のは使えなくなるというのが正直なところ。

命との真摯《しんし》な対話で生まれる深い味わい

麹菌をまぶす作業の後で手を合わせる鳥居さん(奥)ら。命ある者への敬いの気持ちがおいしい醤油を育てる

一升枡2杯分の材料を麹蓋へ

原料からこだわり、塩と大豆は地元石川県珠洲産で、小麦も中能登産と、まさに能登の自然の恵みを凝縮した逸品です。さらに、小さな蔵だからこそできることですが、作業はほとんどが手仕事です。その手作りの温かみも味わいに溶け込んでいるのか、旨さの幅に広がりがあり、心に伝わる深みが違うように思います。

「自分自身が食べて安心だと思えるものを作りたいんです」。そんな思いから鳥居さんは、厳選した原料で、国内でも数少ない、最初から最後まで手作りの製造工程を守り続けています。

麹を育て、熟成させ

さて、麹菌を混ぜ合わせた大豆と小麦は、麹蓋《こうじぶた》と呼ばれる長方形

あすかりんの

のと食紀行

鳥居醤油店

温度の安定した土壁の麹室で4日間かけ麹を繁殖させる

熟成したもろみを圧搾機をつかってしぼる

麹はもろみ蔵の杉樽の中で二夏かけじっくりと熟成する

の木の器の中に一升枡で2杯分、平らに敷き詰められます。そして、建物の奥にある土壁の麹室に移動して、約25度に保たれた室内で麹を繁殖させます。

麹づくりにかかる日数は4日間ですが、置いたままにしてあると大豆は納豆になってしまうため、1日1回かき混ぜてあげる必要があります。さらに、温度には常に気を配らなければなりませんから、仕込みシーズン中、蔵人さん達はゆっくりとは眠れない日々が続きます。

麹室で過ごした麹は、もろみ蔵の杉樽の中に運ばれ、いよいよもろみを熟成させる工程となります。ここからは、ゆっくりじっくり二夏という長い期間を要します。蔵に住みついている酵母と共に、静

大正時代の終わりごろから醤油製造を始めた鳥居醤油店。建物は登録文化財建築

圧搾機から流れ出す生醤油

ファンの多い鳥居醤油店の醤油とだしつゆ

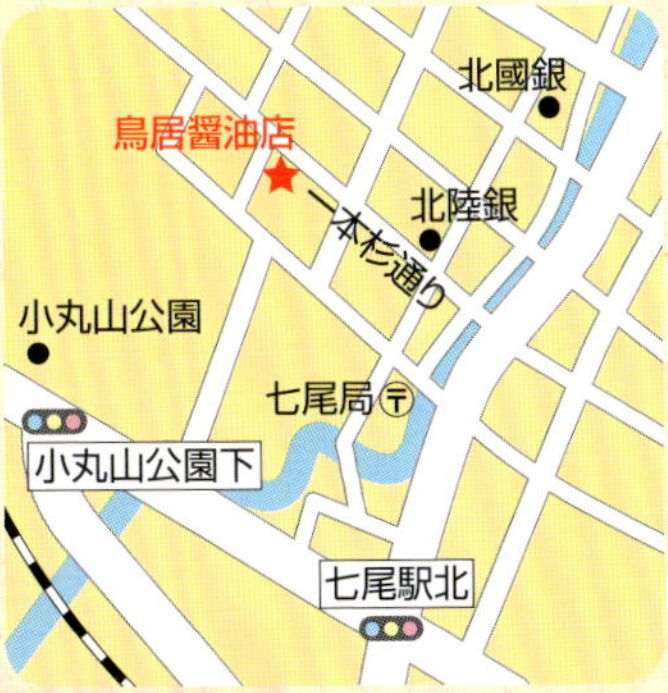

鳥居醤油店

☎ 0767-52-0368
七尾市一本杉町29
営業時間／9:00〜18:30
休日／不定休
駐車場／有

商品			
木樽天然仕込醤油	500mℓ 640円	1.8ℓ 1,600円
だしつゆ	500mℓ 640円	1.8ℓ 1,900円
お醤油ケイタイ	270円	
もろみアイス	270円	

かに時間を刻んでいきます。

ものづくりの原点が

ようやく熟成期間を経たもろみは、搾《しぼ》られて醤油《しょうゆ》になるわけですが、この工程も昔ながらのふね式の圧搾機《あっさくき》で行われます。全身を使って鉄の棒を押し回すことで圧力がかかり、もろみが絞られてチョロチョロチョロと少しずつ生《き》醤油《じょうゆ》がこぼれ出してくるのです。

大切に育てあげた達成感のようなものがあるのでしょう、鳥居さんの顔はどこか晴れやかで誇らしげ。手をかけて心を込めた醤油づくりに、ものづくりの原点を教えられた気がします。

「能登は本物が息づく場所」と、つくづく実感しました。

あすかりんの

のと食紀行

しら井で極上昆布に合う

奥の引き出しには長さ1mを超える立派な昆布が。手前から広昆布、羅臼昆布、一番奥が利尻昆布。広昆布は幅広く末長くの意味を込め結納にも使われます

七尾の実家に帰省すると、「おかえりなさい」のお迎えの次に、「しら井さんの昆布巻き買ってあるよ」と母が得意げに私に伝えます。食卓にこれが並ぶと、おいしいおいしいと言って私が白いご飯をたくさん食べるので嬉しいのでしょう。好物を準備してくれているところにも母の愛情を感じます。

七尾市一本杉通りにある老舗の昆布・海産物店「しら井」さんは、質の高い昆布が揃っていることで信頼が厚いお店。そのルーツは江戸時代にさかのぼります。その昔、七尾港には絶えず十数隻の北前船が停泊しており、昆布は蝦夷《えぞ》の地から鰊《にしん》や鮭《さけ》、毛皮などと共に運ばれてきた貴重な特産品のひとつでした。蝦夷からの航路は別名「昆布ロード」とも言われるそうです。

手前から利尻昆布、日高昆布、後ろの壁には羅臼昆布

このお店の昆布巻きは私の大好物

北前船がもたらした豊かなうま味世界

店内は厳選品揃いですが、特に度肝を抜かれたのが、店内奥の重厚な引出しの中。今まで見たこともない立派な物が静かに眠っているのですが、これは一等品の規格を満たしたもので、長さ1ｍを超える昆布です。

魔法の味「うま味」の元

味覚の根本となる〝基本5味〟は、甘味、塩味、酸味、苦味、うま味の5つを指します。中でも和食に欠かせない「うま味」は、おいしさの根幹を司る魔法の味。1908年に東京帝国大学（現東京大学）の池田菊苗教授が、昆布

あすかりんの

のと食紀行

昆布・海産物處しら井

店内には各種昆布がそろっていて、用途によって使い分けることができる

しら井の店内。能登ならではの水産加工品も豊富

に含まれるうま味成分が「グルタミン酸ナトリウム」であることを発表し、それまでに知られていた四つの基本味に加え、第五の基本味「Umami」として国際的に認知されました。我々日本人の食生活に必要不可欠で、大切な役目を果たしている名脇役は、日本人によって発見されたものだったんですね。

羅臼、利尻、日高

店内には、日常使いの出汁《だし》用昆布も多品種並んでいます。うま味成分豊富な昆布と言ってもそれぞれ特徴がありますから、上手に使いこなしてみたいものです。例えば、「羅臼《らうす》昆布」は、知床《しれとこ》半島南側の羅臼周辺で採れる昆布で、色によって黒口や赤口と呼び名が付

美しい色に仕上がった鰊の飴炊き

「おぼろ昆布」と「とろろ昆布」

「おぼろ昆布」は、昆布を表面から手削りしたもので、幅が広くて反物のように長さがあります。「白とろろ昆布」は、おぼろ昆布を削った後に残る芯に近い部分を集め、機械で削ったもので、ふわふわした糸状に仕上がります。「とろろ昆布」は昆布一枚をそのまま何枚も重ねて酢につけて機械で削ったもの。

昆布の外側を手削りした「おぼろ」は、昆布らしい深緑で、潮騒を思い起こさせる海の香あり。「太白おぼろ昆布」は白みがかっており、絹のように繊細で旨味も濃い。バッテラなどに使われる「白板昆布」は、太白おぼろ昆布を削った後の芯の部分です。このように、削る場所や削り方によって、味わいが異なるのも昆布の深いところ。

「喜ぶ」に通じると昆布は、縁起ものとしても知られていますね。昆布の別名が「ひろめ（広布）」であることから、立身出世への願いが込められた食材でもあります。

けられます。出汁昆布として、濃厚で甘味のある味わいなので、富山などで「おしゃぶり昆布」としてそのまま食べられています。

「利尻《りしり》昆布」は、道北で採れる昆布。黒褐色で厚みがあり、寝かせると一層味わいが増します。上品でクセのない澄んだ出汁が取れるため、繊細な日本料理向きで、料理人に大変重宝されています。「日高《ひだか》昆布」は、襟裳《えりも》岬を挟んだ東西の浜で採れる昆布。幅が細くて柔らかく、出汁は早く出ますが、あっさりとしていてやや淡泊な味わいです。価格が比較的手頃ということもあり、煮物やおでん、昆布巻きなどに利用されることが多いものなんですよ。

県外にお嫁にいった友人も、昆布はしら井さんのでないとダメだ

しら井の2階「海の森ギャラリー」には繁茂量の密度が日本一とされる能登の海藻類についての展示説明と、海藻おしばの作品が展示されている

しら井

☎ 0767-53-0589
七尾市一本杉町100
営業時間／9:00〜19:00
休日／第2·第4火曜
駐車場／有

というので、私は故郷の母親気分で、時折贈ることにしています。

心くすぐる昆布巻き

私の大好物である昆布巻きは、一年間寝かせた肉厚の日高昆布で鰊《にしん》を巻き、毎日鍋でコトコト4〜5時間炊き上げて手作りする、昆布店のプライドが詰まった逸品。地元のお醤油《しょうゆ》とザラメ砂糖をベースにしており、日本人の舌に馴染むおいしさで、しつこさのない上品な甘さが心をくすぐってくれます。隠し味に能登の魚醤《ぎょしょう》いしりを使用しているため、一歩踏み込んだ奥深さがあり、極上の旨さがしみじみ余韻を残します。

あすかりんの
のと食紀行

体験！道の駅すず塩田村

自然と人の共同作業の結晶

塩づくり体験の始めは海水汲み。半分の量でもよろよろです

浜士がまんべんなく塩田に海水を撒く

珠洲が誇る特産物〝揚げ浜方式〟で作られる塩づくりとはいかなるものかと、「道の駅すず塩田村」で体験させてもらいました。この「揚げ浜式製塩法」が行われているのは、唯一石川県珠洲市周辺だけで、その製法は、平成20年に国指定重要無形民俗文化財に指定されました。（塩田作業は4月から10月のシーズン中のみ行われます。シーズン終了後は釜屋での作業と薪作りが行われ、かん水が無くなり次第、年度内の生産作業は終了となります。）

揚げ浜式製塩法は、４００年以上も前から浜士《はまじ》によって継承され

あすかりんの

のと食紀行

道の駅すず塩田村

なかなかうまくは撒けないものです

ている伝統技術です。塩田（砂地）に海水を撒いて乾燥させることを何度も繰り返し、塩分濃度を高めてから濾過《ろか》し、釜焚きをして塩を焚き上げます。その作業は重労働であり、「潮汲み3年、潮まき10年」と言われるほど、熟練の技術が必要です。

　ここは、塩づくりを学べる場として開放しており、観光バスも受け入れていますし、能登の食文化

塩を含み乾いた砂「かん砂」を掻き集める

濃くなったかん水を集める

かん砂を「たれ舟」に入れ、上からかん水をかけ、ろ過してより濃いかん水に

海水から段々と塩分が濃くなっていく

を学ぼうと訪れる海外の方も少なくありません。ただ、この独特の塩づくりはやはり重労働。ちょっと見学するのと違い、「体験」させてもらっただけで、その後2日も寝込むことになろうとは、思ってもいませんでした。(笑)

私は名浜士《はまじ》の登谷良一《とやりょういち》さんに弟子入りし、着物をたすき掛けにし、まずは桶を担いで海に入ります。

72キロもの海水を担いで

塩づくりは、まず海水汲みから始まります。

海水を「荒潮桶《あらじおおけ》」という手桶に汲んで、肩に担いで塩田に運ぶのですが、1桶2斗入り36リットルで、1度に2桶を担ぐので、両方合わせてなんと72リットル(約72キロ)もの重さがあります。

海水から段々と塩分が濃くなっていく

登谷浜士は軽々と持ち上げて、海水をこぼさず運びますが、私はというと…。さすがに海水つるつるいっぱい入れて担ぐのは難しいので、量を半分以下にしましたが、それでも体勢を起こすことすら難しい。さらに足がなかなか前に出ません。

出来上がった塩

あすかりんの

のと食紀行

道の駅すず塩田村

海水をまんべんなく撒く

その海水を、塩田(砂地)に撒いて乾燥させるのですが、この作業がまた大変。簡単そうに見えますが、まんべんなく撒くのはかなりの技術が必要です。登谷浜士《とやはまじ》が撒くと、シャッシャッとキレのいい音と共に、霧状に海水が散布されます。しかし、素人の私がやると、ビシャーっと重々しい音と共に水たまりになってしまいます。

〝孤を描くようにするのがコツ〟とのことでしたが、それがなかなか思いどおりにならない…。さすが「潮まき10年」と言われる作業だけあって、熟練の技が必要だということが分かりました。

次は、海水を撒いた砂を集め、濾過《ろか》する作業です。

砂を集め濾過

海水が塩田の砂に浸着し、乾いた砂を「かん砂」と呼びます。塩田2か所の「沼井《ぬい》」に「柄振《えぶり》」という用具を使い、かん砂を掻き集めます。

沼井に「あぜ板」を箱状に組んで「たれ舟」を作り、塩が十分に浸着して乾燥したかん砂を「込み」という用具を用いて中に入れます。そこへ、前日に「藻垂《もだれ》」として溜めに蓄えられた塩分濃度の濃い塩水、かん水が注がれ、かん砂の塩分を溶かしながら「實桶《みおけ》」に注がれます。そして、たれ舟を解体し、砂を「駒ざらえ」で均す作業の繰り返しです。

かん水の濃度が1番から4番(塩分濃度の十分なかん水)は釜屋

道の駅すず塩田村
（株式会社奥能登塩田村）

☎ 0768-87-2040
珠洲市清水町1−58−1

かん水で茹でたジャガイモは、いい塩加減

かん水で茹でたじゃがいもは、格別の味。キメ細かい塩が皮目をコーティングし、パリパリの膜を作っています。中はしっとりなので、食感の違いも美味。これはうまい！
塩加減もいい“塩梅”。

で製塩へ。かん水の濃度が5番以降(塩分濃度が不十分なかん水)は、溜めに蓄えられ藻垂れとして後日に回されます。

釜一面に塩の塊

ここからは、塩づくりの肝である釜焚きの工程へ。釜屋へ運ぶ賓桶も、2桶で72リットルの重さですから、体力勝負が続きます。

かん水は1日では溜まらないので、釜焚きは2回に分けて行われます。1回目の釜焚きは「粗焚き」と呼ばれ、前夜から火が入っています。2回目の釜焚きは「本焚き」と呼ばれ、約18時間経過した頃には、釜一面に塩の塊が見えてきます。

釜焚きの仕上げの火加減作業は、名人の勘所《かんどころ》。竈《かまど》の火を下す作業が、塩の出来具合を左右します。塩釜一焚き560リットルで、約90キロの塩になるそうです。

なんせ釜屋の中は、暑い。しかし、釜は高温になっており危険な作業なので、夏でもしっかり衣服を着用しての作業となります。塩が出来ると、「しっぱつ」という道具を使い「井出場《いでば》」に移され、約4~5日間放置されることにより苦汁《にがり》が抜け、乾燥した塩ができます。

こうやって揚げ浜方式のお塩が出来上がります。一通りの工程を体験させて頂き、塩の尊さが改めて身に染みて分かりました。

揚げ浜式のお塩は、世界農業遺産に登録された能登の海と大地、そして太陽の力と浜士の熟練の技術によって生み出される、自然と人の共同作業の結晶です。

主人は紋付袴の正装で田に神様を迎えに行く

神様ようこそ、「あえのこと」

12月5日は、奥能登の人が昔からずっと大切にしてきた日です。

この日奥能登一帯の農家で行われているのは、「奥能登のあえのこと」という神事。「あえ＝饗」の「こと＝祭り」を意味し、田の神様を自宅に招いておもてなしをし、今年1年の収穫に感謝し、翌年の五《ご》穀《こく》豊《ほう》穣《じょう》を祈願するために行われています。1977年に重要無形民俗文化財に指定され、2009年にはユネスコの無形文化遺産に登録されました。

儀式は各家によって様々ですが、一連の流れは共通しています。

紋付袴姿でご案内

田の神様は夫婦ですから、床の間に男女の田の神を表す俵を二つ据え付け、それぞれの御膳に二股大根と栗箸を置いて祭壇を作ります。（一本大根を男性、二股大根を女性に見立てて各1つずつにする家もあります。）

そして家の主人は、紋付袴という正装で田に神様をお迎えに行き、自宅に案内します。神様の姿は見えませんが、あたかも実際に目の前にいるように振る舞うのがあえのこと神事。田の神は稲穂で目が

神様を家に招き入れお風呂に入ってもらう

田の神様の御膳に置かれた二股大根

見えぬ田の神を御馳走でもてなし

主人は田の神様に御膳の内容を一つずつ丁寧に説明する

傷つき、目が良くないので、田の神をエスコートするように丁寧に話しかけながら案内します。

家に招き入れ、まずは神様に炉端で休息して頂きます。お風呂の準備ができると、湯につかって温まってもらい、疲れを癒して頂きます。主人が「お湯加減はいかがでしょうか？」と尋ねる姿も見られますよ。

食の名で縁起を担ぎ

その後は祭壇に招き、御馳走でおもてなしをします。お料理は、言わば究極の地産地消メニューで、食材全てに意味が込められていま す(各家によって違いあり)。

例えば、尾頭付きの魚は「芽が張る＝メバル」の意味を込め、ハチメ(メバル)を準備します。煮し

魚はメバル、汁物は納豆汁、煮しめの具の種類は奇数で

箸は1尺2寸の太くて長い栗の木の箸

めの具は、ダイコンやフキ、ニンジンや里芋などを5・7・9種類の奇数で準備し、定番の具である焼き豆冨は、「田が焼ける」として縁起が悪いため用いずに木綿豆冨を使用します。ご飯は白飯の大盛り、または小豆とお米を炊いたご飯。お赤飯はおめでたい印象がありますが、（もち米を）「蒸す」調理法は「蒸し＝虫」を連想させ、縁起が悪いとされています。そのため、茶碗蒸しも御膳には並びません。

汁物は、お豆冨を具にした納豆汁で、粘り強く一生懸命仕事をするという意味が込められています。昔はどこの家でも藁《わら》つとの納豆や豆冨を作っていたので、調達しやすかったという理由もあるのかもしれません。

あすかりんの

のと食紀行

あえのこと

神事を見学できるツアーも定期的に行われています

神様が食されたあと、お下がりは直会として家族らが頂く

刺身や酢の物には、出世魚のブリを使う農家が多いようです。この時期は内浦の定置網でブリが獲れるのですが、昔もこの漁は盛んに行われていたそうです。また、田の神様は甘い物が好物とされており、清酒ではなく甘酒で、デザートにはおはぎが準備されます。

御膳に準備される箸は、力強さを印象付ける太くて長い栗の木の箸で、1尺2寸(約36センチ)もあり、長さで「12ヶ月」を表しているそうです。また、栗の木は実が採れるということで、豊作になるようにという願いも込められています。

膳を一品一品説明

これらの食事の準備が整ったら、主人は膳の内容を一品一品丁寧に

【神々の宴 in 能登・合《ごう》鹿《ろく》庵《あん》】

柳田植物公園内の合鹿庵では、12月5日以外にも「奥能登のあえのこと」体験ツアーを行っています。ツアーでは、あえのことの料理に加え、能登食材をふんだんに使用した奥能登の郷土料理が味わえます。

合鹿庵は、藩政期のかやぶき古民家で、実際の神事が毎年執り行われている場所です。

体験ツアーで訪れる合鹿庵

◆場所
柳田植物公園内　合鹿庵
能登町上町口部 1-1

◆定期開宴日
毎月第２・第３土曜日と日曜日
(７月８月を除く)
毎昼 12：00 ～ 13：30

◆申し込みと料金
各開宴日の2日前までに
下記メールアドレス 又は
電話・FAXで受付。
料金は1人 5,000 円（税別）で飲み物は別途。
syokukou@ca3.luckynet.jp
TEL：0768-76-1680
FAX：0768-76-1681

ツアーでは、郷土料理のいしる鍋や炉端焼き、辻口パティシエがこのツアーのために作ったブルーベリー希少糖アイスなども味わえます。

神様に説明します。神様が食した頃あいを見て、お下がりは直会《なおらい》として家族で頂きます。

神様はそのままその家でゆっくりと年を越し、翌年の2月9日に行われる「田の神送り」の儀式を経て、また元の田へ送り出されます。

能登の人々が大切にしてきたものには心が通っています。目に見えないものを見ようとするこの神事は、自然の恵みや有難さを受信しようとする気持ちと、その感謝を伝えたいという心の表れなのだと思います。人々と里山里海は深く繋がっています。これもまた忘れてはならない能登の美しさです。

おいしい能登★コラム☆

観客も引っ張る大迫力
七尾のでか山に血が騒ぐ

「エーンヤー!エーンヤー!」

5月3日から5日は、七尾が1年で最も活気を見せるとき。「青柏祭《せいはくさい》の曳山行事」として国の重要無形民俗文化財に指定されている祭礼「青柏祭」が行われます。

青柏祭は、市内山王町に鎮座する大地主神社(通称:山王神社)の例大祭で、神饌を青柏の葉に盛って供えたのがその名称になったと言われており、府中町・鍛冶町・魚町の3つの"山町"からそれぞれ山車が奉納されます。上段には、歌舞伎の名場面などの人形がしつらえてあるのですが、5月2日には、その人形のお披露目が各地域の家庭や公民館で行われています。

私の身長より大きいでか山の車輪

青柏祭は七尾市民の間で「でか山」と呼ばれていますが、その通称どおりスケールが大きく、高さ約12m、重さは約20トンもあります。日本最大級の曳山なんですよ。大勢で縄を引いて前進させるのですが、民家が立ち並ぶ細い道ばかりを通り、家々の軒や電信柱ギリギリを掠《かす》めて進みますから、見ているほうはハラハラ続き。また、車輪だけで2mほどありますから、近くにいると迫力満点です。

方向を変える時の「辻回し」。
大てこをあやつる若衆は祭りのスター

さて、この大きな曳山が角を曲がるときはどうすると思いますか?いわゆるテコの原理を利用する「辻回し」で巨体を一気にグルンと90度回転させます。大がかりな作業ゆえ準備に時間が必要ですが、回った瞬間、観衆から大きな歓声が上がります。

でか山はダイナミックで力強く、伝統の技あり。ゴールデンウィークが近づくと、七尾っ子は血が騒ぐはずです。

別所岳SA
のとかしま
祖母ヶ浦
能登島サンスーシィ(14P)
鰀目
生そば 槐(44P)
曲
さわだ旅館(56P)
向田
小牧
249
ツインブリッジのと
能登島
のとなかじま
ル ミュゼ ドゥ アッシュ(72P)
num-Bar 六(20P)
鵜浦
和倉温泉
焼肉 寿美好(30P)
はいだるい(42P)
大田火力発電所
たつるはま
はた坊(36P)
わくらおんせん
イル・ピアット・ハタダ(16P)
田鶴浜
山崎製麺(40P)
七尾市
ななお
庵
細口
七尾城山
白馬
能越自動車道
城山
瀬戸
七尾城趾
平野屋(32P)
七尾線
中能登町
よしかわ
石動山
七尾大泊
能登部
159
久江
幸寿し 本店(24P)
永光寺
灘浦
いしり亭(34P)
碁石ヶ峰
鮨治(38P)
ICOU(74P)
神子原
鳥居醤油店(88P)
氷見北
しら井(92P)
氷見
ひみ
氷見市
JR氷見線
伏木
高岡北
高岡市

能登南部

増穂浦
西谷内
横田
富来
虫ヶ峰
のと里山海道
中
厳門
三明
志賀町
福浦
徳田大津
志賀原発
米町
249
西山PA
高浜
西山
上棚矢駄
妙成寺
金
かねま
気多大社
柳田
羽咋市
はくい
飯
千里浜なぎさ
ドライブウェイ
千里浜
志雄PA
子浦
末森城跡
今浜
宝達志水
米出
ほうだつ
高松SA
県立看護大
宝達
高松
かほく市

禄剛崎
狼煙
折戸
つばき茶屋（48P）
木ノ浦海中公園
葭ヶ浦温泉
しお・CAFE（80P）
大谷
道の駅すず塩田村（97P）
日本料理 龍泉（26P）
二三味珈琲cafe（76P）
古川商店（78P）
曽々木
上黒丸
珠洲市
蛸島
飯田
正院
宝立山
金蔵
鵜飼
見附島
鵜島
柳田
松波
合鹿庵（柳田植物公園内）（102P）
当目
珠洲道路
神和住
上町
夢一輪館（46P）
縄文真脇温泉
百楽荘（28P）
能登町
宇出津
小木
九十九湾
宮地
マルガージェラート
能登本店（82P）
真脇遺跡公園
49
瑞穂
民宿ふらっと（12P）
矢波
鵜川
前波
甲
祖母ヶ浦

能登北部
ラトリエ・ドゥ・ノト（10P）
アユート!（8P）
セブンアイルズ（18P）
さど（50P）
やしき旅館（64P）
中浦屋わいち本店（67P）
白米千枚田
白米
深見
漆芸美術館
輪島市
大沢
皆月
249
猿山岬
三井
鮭尾
能登空港
能登空港
総持寺祖院
門前
黒島
別所
小又
此木
穴水町
比良
剱地
越渡
穴水
中居
関野鼻
ビオベル（84P
河内岳
越の原
高爪山（能登富士）
能登金剛
ヤセの断崖
のと里山海道
別所岳SA
のと鉄道
西谷内
小牧
横田
曲
増穂浦
虫ヶ峰
富来
能登島

著者　雅珠香（あすか）

通称あすかりん。1982年、石川県穴水町生まれ、七尾市で育つ。本名・長坂雅珠香。日本フードアナリスト協会認定1級フードアナリスト、SSI認定利酒師、日本箸教育講師、2007年度「北國フォトクイーン」、日本の食文化大使「食のなでしこ2013」。金沢市在住。
食の情報の専門家として活動。年間約600軒のお店を食べ歩く料理記者。ブログ「あすかりんの恋味敬食（こみにけいしょく）」では1日1軒のお店を紹介。北國新聞・富山新聞朝刊「あすかりんのランチで満腹」（毎週月曜日）連載中。

あすかりんの
おいしい能登めぐり

2015（平成27）年3月31日　第1版第1刷

著　者　**雅珠香**

発　行　**北國新聞社**

〒920-8588　石川県金沢市南町2番1号
TEL 076-260-3587（出版局直通）
FAX 076-260-3423
電子メール　syuppan@hokkoku.co.jp

ISBN978-4-8330-2021-3